国家中等职业教育改革发展示范学校规划教材

会计分岗实训—出纳

主　编　王　静
副主编　吕玉杰　段淑荣

中国财富出版社

图书在版编目（CIP）数据

会计分岗实训．出纳/王静主编．—北京：中国财富出版社，2014.9

（国家中等职业教育改革发展示范学校规划教材）

ISBN 978-7-5047-5370-0

Ⅰ．①会…　Ⅱ．①王…　Ⅲ．①出纳—会计实务—中等专业学校—教材　Ⅳ．①F233

中国版本图书馆 CIP 数据核字（2014）第 211977 号

| 策划编辑 | 王淑珍 | 责任印制 | 何崇杭 |
| 责任编辑 | 葛晓雯 | 责任校对 | 杨小静 |

出版发行	中国财富出版社		
社　　址	北京市丰台区南四环西路 188 号 5 区 20 楼	邮政编码	100070
电　　话	010-52227568（发行部）	010-52227588 转 307（总编室）	
	010-68589540（读者服务部）	010-52227588 转 305（质检部）	
网　　址	http://www.cfpress.com.cn		
经　　销	新华书店		
印　　刷	北京京都六环印刷厂		
书　　号	ISBN 978-7-5047-5370-0/F·2223		
开　　本	787mm×1092mm　1/16	版　　次	2014 年 9 月第 1 版
印　　张	12	印　　次	2014 年 9 月第 1 次印刷
字　　数	300 千字	定　　价	26.00 元

版权所有·侵权必究·印装差错·负责调换

国家中等职业教育改革发展示范学校
规划教材编审委员会

主任委员 常新英 河北经济管理学校校长

郑学平 河北经济管理学校副校长

主要委员 户景峰 郭 萍 苏国锦 孙 艳 张宝慧

赵金辉 贺为国 贾晓英 王 静 李小香

张志磊 李素芳 鲍炜磊 邵 新 尹 静

姬玉倩 何素花 吕玉杰 张秀生 朱亚静

王林浩 刘会菊 王翠英 吴翠静 骆 园

张月华 杨 丽 崔 杰 周 琳

总 策 划 王淑珍 崔 旺

前　言

　　《会计分岗实训——出纳》是结合职业教育改革和发展的实际情况，从岗位能力的要求出发，在分析岗位能力体系的基础上，依据现代学习理论，结合现代教育和课程理念，建立了"职业行动导向型"课程体系。这个体系按照实际工作任务、工作过程和工作情景开发专业建设标准，形成了以任务引领型为主体的教学模式，教学内容与岗位标准一致，达到了学生岗位能力高、学习能力强的要求。对于推动高技能人才培养非常重要，是一种尝试与探索。我们要适应新形势、新任务和新技术的发展，针对技能人才学习和工作的实际需要。同时针对中等职业学校的学生特征，加强其实践能力，提高其专业水平也是中职教育完善和发展的需要。

　　本教材本着"行动导向、任务引领、工学结合、理实一体"的编写特征，适合于边学边做、边讲边练、理论与实践结合、生产与训练结合的学习模式，本教材分为7个项目，16个任务，每个任务都设有任务导入、任务引领等内容，在任务引入的布置中又有相关知识做指导，在教材中穿插了知识拓展、法规链接、课外阅读等实用的训练助手可以让学习者边学习边动手边消化的小模块。整个教材体系活泼，思路清晰，是适合中等职业技术学校学生学习与应用专业知识与技能的良好教材。

　　教材的编写人员是由具有多年从事相关专业教学工作、且教学经验丰富的高级讲师、讲师担任。本书王静担任主编，拟定详细的写作提纲，吕玉杰、段淑荣担任副主编，拟定各任务的主要内容与编写要求。具体分工是：项目一由高真撰写；项目二由李小香撰写；项目三由孙艳撰写；项目四由王静撰写；项目五由吕玉杰撰写；项目六、项目七由段淑荣撰写；全书最后由王静、段淑荣校稿，由王静完成统稿和补充、修改、定稿工作。

　　由于编写时间仓促，加之编写水平有限，缺点和不成熟之处在所难免，敬请广大学习者和同人提出批评和改进意见。

编　者
2014 年 8 月

前　言

目　录

项目一　认知出纳工作

【知识目标】

1. 了解出纳工作的特点；

2. 理解出纳人员的工作职能、职责权限；

3. 掌握出纳日常工作基本程序和内容。

【技能目标】

1. 认识出纳岗位；

2. 会正确书写会计字。

【情感态度与价值观】

逐渐养成细心职业素养，走近出纳岗位。

任务一　出纳员的一天

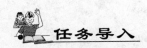 任务导入

出纳人员直接与货币资金打交道，可见这个岗位是非常重要的，从而对出纳人员的职业道德要求也非常高，如果用人不淑，又遇管理失控，将可能会给公司带来不可挽回的经济损失。

某公司因业务发展需要，从人才市场招聘了一名具有中专学历的张某任出纳。开始，他还勤恳敬业，公司领导和同事对他的工作都很满意。但受到同事在股市赚钱的影响，张某也开始涉足股市。然而事非所愿，进入股市很快被套牢，想急于翻本又苦于没有资金，他开始对自己每天经手的现金动了邪念，凭着财务主管对他的信任，拿了财务主管的财务专用章在自己保管的空白现金支票上任意盖章取款。月底，银行对账单也是其到银行提取且自行核对，因此在很长一段时间未被发现。至案发，公司蒙受了巨大的经济损失。

张某犯罪，企业蒙受损失，教训是非常深刻的。这个案例给我们的启示是什么？

一、出纳岗位职责

（1）按照国家有关现金管理和银行结算制度的规定，办理现金收付和银行结算业务。

（2）办理现金和银行存款收付业务时，要严格审核有关原始凭证，根据编制的收付款记账凭证逐笔顺序登记现金日记账和银行存款日记账。

（3）按照国家外汇管理和结汇、购汇制度的规定及有关批件，办理外汇出纳业务。

（4）掌握银行存款余额，不得签发空头支票，不得出租、出借银行账户为其他单位办理结算。

（5）保管库存现金和各种有价证券的安全与完整。

（6）保管有关印章、空白收据（发票）和空白支票。

有些企业出纳人员还承担办理银行账户的开立、变更和撤销业务，协助相关人员办理营业执照、企业代码证和贷款卡年检工作等职责。

二、出纳人员素质要求

（1）要有较高的职业道德修养。

（2）要有较高的法纪水平和守法意识。

（3）要有较强的安全意识。

（4）具有扎实的财会基本知识与技能。

三、出纳人员日常工作事项

出纳人员日常工作事项主要包括在以下 4 个方面：

（1）现金收支业务。

（2）银行转账业务。

（3）日记账登记与对账。

（4）银行账户的开立、变更和撤销。

现实工作中，有些企业将银行借款办理、营业执照、代码证和贷款卡年检、税款的缴纳等工作也交由出纳人员负责。

四、出纳工作的每日流程

出纳人员应当有一份自己的工作流程表，才能使工作有条不紊，也不会在忙碌的工作中迷失方向。

出纳工作的每日流程如下：

（1）上班第一时间，列明昨日未办完事项，检查现金库存，查询银行存款余额。

（2）请示领导或财务主管对当日资金的收支安排，在当日工作安排簿上一一列明。

（3）根据领导批示办理付款手续，付款依据必须真实、完整、合理，超越权限范围的付款要求应当报送相应的领导审批。

（4）办理各种收款事项，应当注意收入计算的准确性，明确收入来源。

（5）对收、付款单证进行检查，补齐手续并分类。

（6）根据收、付款单据，编制记账凭证。

（7）根据记账凭证，逐日逐笔按顺序登记现金日记账和银行存款日记账，并每日结出余额。

（8）逐笔注销工作安排簿中已完成事项。

（9）下班前进行库存现金盘点，做到账实相符。

（10）对银行支票进行清点，核实当日银行收支金额。

（11）对发票、收据等进行清点，合适当日相关业务。

（12）对未完成的经济也列明待处理。

（13）编制出纳日报表，反映单日资金收支情况。

（14）临下班前，检查保险柜、抽屉是否锁好，资料凭证是否收好。

五、出纳工作每周流程

对于收支业务频繁的大中型企业，为了提高工作效率和便于资金安排，通常以每周为一个出纳工作周期。出纳工作的每周流程大致是：

星期一：各部门及结算单位报送付款申请或付款通知书。

星期二：领导审批付款申请或付款通知书后，财会部门通知付款。

星期三：财会部门审核付款单证后安排付款。

星期四：根据审批单据，办理资金收付，登记出纳日记账。

星期五：根据出纳日记账，编制出纳报告。

项目二　会计字的书写

【知识目标】

1. 掌握会计数字的书写方法；

2. 熟练掌握点钞的基本操作步骤和方法；

3. 熟悉真假人民币的防伪特征和鉴别方法；

4. 熟练掌握出纳常用机具的使用方法和注意事项。

【技能目标】

1. 能正确书写会计数字；

2. 会运用多种方法进行点钞；

3. 能准确辨别真假人民币；

4. 会操作出纳常用机具。

【情感态度与价值观】

培养良好的书写习惯，养成正确的书写规范。

任务一　数字的书写

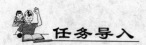

　　丁丁是某高职院校的 2011 届会计专业毕业生，2011 年 6 月，他被一家企业录用，从事出纳工作。某天上午，赵阳要给单位客户开一张转账支票，他应该如何规范、正确填写大小写金额？下午，员工李伟交来后勤公司的零星收入 6528 元。他又该如何运用手工点钞方式接收这笔款项？如何利用点钞机进行复核和鉴别真假？

一、基本要求

　　会计工作离不开书写。数字的书写是财经工作者的一项基本功，对会计人员来说尤为重要。财经工作常用的数字有两种：一种是阿拉伯数字，一种是中文大写数字。通常将用阿拉伯数字表示的金额数字简称为"小写金额"，用中文大写数字表示的金额数字简称为

"大写金额"。阿拉伯数字与中文大写数字有不同的规范化要求，会计数字的书写应规范化。对财会书写的要求是正确、规范、清晰、整洁、美观。

1. 正确

正确，是指对所发生的经济业务的记录，一定要如实反映其内容，反映其全过程及结果，反映其全貌，所用文字与数字一定要书写正确。

2. 规范

规范，是指对有关经济活动的记录书写一定要符合财会法规和会计制度的各项规定，符合对财会人员的要求。无论是记账、核算、分析、编制报表，都要书写规范、数字准确、文字适当、分析有理，要严格按书写格式书写。文字要以国务院公布的简化汉字为标准，不要乱造简化字，不要滥用繁体字。数码字要按规范要求书写。

3. 清晰

清晰，是指账目条理清晰，书写时字迹清楚，举笔坚定，无模糊不清的现象。

4. 整洁

整洁，是指账面清洁，横排、竖排整齐分明，无杂乱无章现象。书写工整、不潦草，无大小不均、参差不齐及涂改现象。

5. 美观

美观，是指结构安排要合理，字迹流畅，字体大方，显示个人功底。

二、阿拉伯数字的书写规范

阿拉伯数字也称"公用数字"。原为印度人创造，8 世纪传入阿拉伯，后又从阿拉伯传入欧洲，始称为"阿拉伯数字"。由于它字数少，笔划简单，人们普遍乐于使用，因此很快传遍世界各地。阿拉伯数字，是世界各国的通用数字。

（一）标准写法示范

阿拉伯数字的写法，过去只有印刷体是统一字型的，手写体是根据人们的习惯和爱好去写，没有统一的标准字体。近年来随着经济发展，金融、商业等部门逐步采用一种适合商业、金融记数和计算工作需要的阿拉伯数字手写体，其标准书写字体如图 1 所示。

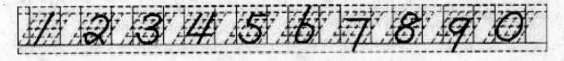

图 1　标准书写字体

（二）书写要求

会计工作中离不开阿拉伯数字，数码要写标准字体，在有金额分位格的账表凭证上，阿拉伯数字的书写，结合记账规则的需要，有特定的书写要求如下：

（1）书写数字应由高位到低位，从左到右，一个一个地认真书写，各自独立，不可潦草，不可模棱两可，不得连笔写，以免分辨不清。

（2）账表凭证上书写的阿拉伯数字应使用斜体，斜度为 60 度左右。

（3）数字高度约占账表凭证金额分位格的二分之一，这样既美观又便于改错。

（4）除"7"和"9"上抵下半格的四分之一、下伸次行上半格的四分之一处外，其他数字都要靠在低线上书写，不要悬空。

（5）"0"要写成椭圆形，细看应接近轴对称与中心对称的几何图形，下笔要由右上角按逆时针方向划出，既不要写的太小，又不要开口，不留尾巴，不得写成 D 型，也不要写成 C 型。

（6）"1"的下端应紧靠分位格的左下角。

（7）"4"的顶部不封口，写"∠"时应上抵中线，下至下半格的四分之一处，并注意中竖是最关键的一笔，斜度应为 60 度，否则"4"就写成正体了。

（8）"6"的上半部分应斜伸出上半格的四分之一的高度。

（9）写"8"时，上边要稍小，下边应稍大，注意起笔应写成斜"S"型，终笔与起笔交接处应成菱角，以防止将 3 改为 8。

（10）从最高位起，后面各分位格数字必须写完整。如壹万伍仟捌佰元整，如表 1 所示。

总之，数码的宽窄与长短比例要均称，字型要完全一致，不许多笔或少笔，同样的数字要笔顺一致，字体一致，宽窄一致，圆韵一致，圆直相接要吻接，自然、柔软、平滑。力求美观大方。

表1 示 例

千	百	十	万	千	百	十	元	角	分
		¥	1	5	8	0	0	0	0

还要以下笔刚直为特点，圆为椭圆，角有角尖。1、4、7 下笔全神贯注，不留不滞，飞流直泻，钢筋铁骨，给人以松柏挺拔之感，5、6、8、9 的直笔也应具此势。6 与 9 旋转 $180°$ 后来看是 9 与 6，不应有任何痕迹。2 与 3 上部类同，3 与 5 下部相似。8 有两种笔顺，都起笔于右上角，结束于右上角，这都是符合阿拉伯数字书写习惯的，但第一笔写直笔容易写出字的气势来。符合数码字标准。

任务二　文字的书写

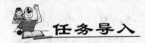

在出纳工作中会涉及很多书写，尤其是会计记账过程中，阿拉伯数码字的书写与普通的书写汉字有所不同，且已经约定俗成，形成会计数字的书写格式。

一、中文大写数字书写的有关规定

（一）用正楷字体或行书字体书写

中文大写金额数字，主要用于发票、支票、汇票、存单等重要凭证的书写，为了易于辨认、防止涂改，应一律用正楷或者行书体书写。如壹（壹）、贰（贰）、叁（叁）、肆（肆）、伍（伍）、陆（陆）、柒（柒）、捌（捌）、玖（玖）、拾（拾）、佰（佰）、仟（仟）、万（万）、亿（亿）、圆（元）、角（角）、分（分）、整（正）、零（零）等字样。不得用中文小写一、二、三、四、五、六、七、八、九、十或廿、两、毛、另（或0）、园等字样代替，不得任意自造简化字。大写金额数字到元或者角为止的，在"元"或者"角"字之后应当写"整"字或者"正"字；大写金额数字有分的，分字后面不写"整"或者"正"字。

（二）"人民币"与数字之间不得留有空位

有固定格式的重要凭证，大写金额栏一般都印有"人民币"字样，书写时，金额数字应紧接在"人民币"后面，在"人民币"与大写金额数字之间不得留有空位。大写金额栏没有印有"人民币"字样的，应在大写金额数字前填写"人民币"三字。

（三）有关"零"的写法

一般在填写重要凭证时，为了增强金额数字的准确性和可靠性，需要同时书写小写金额和大写金额，且二者必须相符。当小写金额数字中有"0"时，大写金额应怎样书写，要看"0"所在的位置。

（1）金额数字尾部的"0"，不管有一个还是有连续几个，大写金额到非零数位后，用一个"整（正）"字结束，都不需用"零"来表示。如"￥4.80"，大写金额数字应写成"人民币肆元捌角整"；又如"￥200.00"时，应写成"人民币贰佰元整"。

（2）对于小写金额数字中间有"0"的，大写金额数字应按照汉语语言规则、金额数字构成和防止涂改的要求进行书写。举例说明如下：

①小写金额数字中间只有一个"0"的，大写金额数字要写成"零"字。如"￥306.79"，大写金额应写成"人民币三佰零陆元七角玖分"。

②小写金额数字中间连续有几个"0"的，大写金额数字可以只写一个"零"字。如"￥9008.36"，大写金额应写成"人民币玖仟零捌元三角陆分"。

③小写金额数字元位是"0"，或者数字中间连续有几个"0"，元位也是"0"，但角位不是"0"时，大写金额数字中间可以只写一个"零"，也可以不写"零"。如"￥3480.40"，大写金额应写成"人民币叁仟肆佰捌拾元零肆角整"，或者写成"人民币叁仟肆佰捌拾元肆角整"；又如"￥920,000.16"，大写金额应写成"人民币玖拾贰万元零壹角陆分"，或者写成"人民币玖拾贰万元壹角陆分"。

④小写金额数字角位是"0"而分位不是"0"时，大写金额"元"字后必须写"零"字。如"￥637.09"，大写金额应写成"人民币陆佰叁拾柒元零玖分"。

（四）数字前必须有数量字

大写金额"拾"、"佰"、"仟"、"万"等数字前必须冠有数量字"壹"、"贰"、"叁"……"玖"等，不可省略。特别是壹拾几的"壹"字，由于人们习惯把"壹拾几"、"壹拾几万"说成"拾几"、"拾几万"，所以在书写大写金额数字时很容易将"壹"字漏掉。"拾"字仅代表数位，而不代表数量，前面不加"壹"字既不符合书写要求，又容易被改成"贰拾几"、"叁拾几"等。如"￥120,000.00"大写金额应写成"人民币壹拾贰万元整"，而不能写成"人民币拾贰万元整"，如果书写不规范，"人民币"与金额数字之间留有空位，就很容易被改成"人民币叁（肆、伍……）拾万元整"等。

（五）票据的出票日期必须使用中文大写

为防止变造票据的出票日期，在填写月、日时，月为壹贰和壹拾的，日为壹至玖和壹拾、贰拾、叁拾的，应在其前加"零"，日为拾壹至拾玖的，应在其前面加壹。如：3月15日应写成零叁月壹拾伍日，票据出票日期使用小写填写的，银行不予受理。

票据和结算凭证上金额、出票或者签发日期、收款人名称不得更改，更改的票据一律无效。票据和结算凭证金额以中文大写和阿拉伯数码同时记载的，二者必须一致，否则票据无效，银行不予受理。

票据和结算凭证上一旦写错或漏写了数字，必须重新填写单据，不能在原凭单上改写数字，以保证所提供数字真实、准确、及时完整。

二、会计科目及摘要书写要求

会计科目是对会计核算对象的具体内容进行科学分类的项目，设置会计科目是会计核算的专门方法之一。按照会计科目提供信息的详细程度分类，它分为"总分类科目"和"明细分类科目"；在会计工作中，当经济业务发生时，要按照会计科目填制"记账凭证"和开设并登记账簿。不论是填制记账凭证和登记账簿，都应对该项经济业务的事由说明清楚，即"摘要"。在使用会计科目和填写摘要时，要遵循以下原则和要求：

（1）填制记账凭证和登记账簿时，必须用碳素笔和钢笔认真书写，不得使用圆珠笔、铅笔和纯兰色墨水；一般使用楷书或行书书写，不得使用草书书写；文字书写的宽窄与长短比例要均称，字型要完全一致，不能满格书写；文字上方要向右倾斜，文字的中心线与水平线的交角在60°为宜；文字的长度要占所记录表格的二分之一为宜，以备留有改错的空间。同时也是为了保持账面美观。

（2）"会计科目"应按"会计制度"规定的名称、内容和要求填写，要用全称；凡有明细分类科目者，必须填齐；不能只用科目代号；科目之间的对应关系必须清楚。

（3）会计凭证中有关经济业务内容的"摘要"必须真实。在填写"摘要"时，既要简明，又要全面、清楚，应以说明问题为主。一般来说：写物要有品名、数量、单价；写事要有过程；银行结算凭证要注明支票号码、去向；送存款项，要注明现金、支票、汇票等。遇有冲转业务，不能只写冲转，应写明冲转某年、某月、某日、某项业务和凭证号码，也不能只写对方账户。要求"摘要"能够正确地、完整地反映经济活动和资金变化的来龙去脉，切忌含糊不清。

（4）账簿上的"摘要栏"，应依据记账凭证上的"摘要"填写，其简明程度，以能从账簿上看出经济业务的基本内容为限。不能过于详细以至栏内书写不开，有失账面整洁，也不能过于简单看不出经济业务的基本情况，遇有查询还得查阅会计凭证，更不能画点儿或空白不填。

（5）记账凭证和账簿上所填写的文字和数字一样，不准随意涂改、刀刮、纸贴、药水洗、橡皮擦。填写错误需要更正时，应将错误的文字用红色墨水单线注销，另填正确的文字，并加盖经手人的印章。

三、更正书写错误的方法

在填写单据、登记账簿时，必须用碳素笔和钢笔认真书写，不得使用圆珠笔或铅笔。在书写时，要专心细致，防止发生书写的错误。如果不慎发生书写错误，应按正确的方法进行更正，不得随意涂改、刮擦、挖补，更不能用药水消字。

对于会计凭证、账簿记录中所发生的错误应视不同情况按照规定的方法加以更正。

（一）在记账凭证中若出现书写错误

如果是尚未记账，应当重新填制；如果已经记账，但尚未进行年度结账时，可以用红字填写一张与原内容相同的记账凭证，同时再用蓝字重新填制一张正确的记账凭证，不能撕掉重填。如果会计科目没有错误，只是金额错误，也可以将正确数字与错误数字之间的差额，另编制一张调整的记账凭证，调增金额用蓝字，调减金额用红字；如果已经进行了年度结账，即以前年度记账凭证有错误的，应当用蓝字填制一张更正的记账凭证。

（二）在结账前发现账簿记录有文字或数字错误，而记账凭证没有错误

可以采用划线更正方法。更正时，先在错误的文字或数字上划一条红线，将其全部注

销，然后，在错误文字或数字上方的空白处，用蓝色或黑色墨水笔填写上正确数字，予以更正。并由经手人在更正处盖章，以明确责任。需要注意的是，在划红线注销时，要把错误数字全部划去，不可只划去其中一部分，划销的部分要保持原有数字清晰可辨，以便审查和明确责任。

订正错误数字的式样如表 2 所示。

表 2　　　　　　　　　　　　订正错误数字的式样

不合规定的更正方法

					3
（1）涂改			2	6	7	~~2~~

				3		
（2）只改错数				~~4~~	~~5~~	9	8

			1	8	3		
（3）未全部划线			~~1~~	6	~~3~~	4	7

				8	4	0	0	0
（4）更正位置不对未全部划线	8	4	~~8~~	~~4~~	0	0	0

合规定的更正方法

				2	6	7	3
				~~2~~	~~6~~	~~7~~	~~2~~

			4	3	9	8
			~~4~~	~~5~~	~~9~~	~~8~~

		1	8	3	4	7
		~~1~~	~~6~~	~~3~~	~~4~~	~~7~~

		8	4	0	0	0
~~8~~	~~4~~	~~0~~	~~8~~	~~4~~	~~0~~	~~0~~

（三）在原始凭证中若出现书写错误

不能用划线订正方法更正，需要重新填写。收据、支票等由于书写错误的原始凭证，不能毁掉，而是在其上注明"作废"字样，并与重新写好的凭证订在一起保存好，以便备查。

产生错误的原因虽然很多，但主要的是业务不够熟悉，计算不够准确，精神不够集中，填写不够认真所致。如果仔细审查业务，计算功夫过硬，全神贯注的书写数码，差错会基本消灭与杜绝。

 任务思考与练习

一、数码字练习题

（一）把下列各数写成大写数码字

1. 24675　　　　　　　　应写成：

2. 382607　　　　　　　应写成：

3. 6000846　　　　　　应写成：

4. 5128723　　　　　　应写成：

5. 875689430　　　　　应写成：

6. 48325　　　　　　　　　　应写成：

7. 243804　　　　　　　　　　应写成：

8. 8000412　　　　　　　　　应写成：

9. 6243216　　　　　　　　　应写成：

10. 454821760　　　　　　　应写成：

（二）下面大写金额用小写金额表示

1. 人民币陆佰肆拾捌元伍角贰分　　　￥

2. 人民币伍拾元整　　　　　　　￥

3. 人民币壹拾元整　　　　　　　￥

4. 人民币捌万元整　　　　　　　￥

5. 人民币壹拾亿元整　　　　　　￥

6. 人民币肆元整　　　　　　　　￥

7. 人民币伍元伍角　　　　　　　￥

8. 人民币柒角贰分　　　　　　　￥

9. 人民币玖角捌分　　　　　　　￥

10. 人民币捌分　　　　　　　　　￥

（三）下列小写金额用大写金额表示

1. 人民币　　　　　　　　　￥26.96

2. 人民币　　　　　　　　　￥47.00

3. 人民币　　　　　　　　　￥10.00

4. 人民币　　　　　　　　　￥5007.00

5. 人民币　　　　　　　　　￥3000.00

6. 人民币　　　　　　　　　￥800001.26

7. 人民币　　　　　　　　　￥6200.10

8. 人民币　　　　　　　　　￥0.63

9. 人民币　　　　　　　　　￥0.09

10. 人民币　　　　　　　　￥6000000000.00

二、错误数字订正练习题

（一）下列数字前面是正确的，后面是错误的，请用划线订正法订正错误数字

1. 64.27　　　　　　　　　64.37

2. 786.34　　　　　　　　786.54

3. 9764.21　　　　　　　9764.31

4. 432.16　　　　　　　　432.15

5. 76342.67   76342.87
6. 438.67   468.67
7. 865432   865443
8. 9876.54   9876.24
9. 126.27   127.63
10. 7643.29   8643.29

（二）指出下列各大写数字及数位词在书法上的正确与错误，并在不正确的字旁括号内写上正确的字

壹（   ）   贰（   ）   参（   ）   肆（   ）   五（   ）

陆（   ）   柒（   ）   柴（   ）   染（   ）   捌（   ）

玖（   ）   玫（   ）   拾（   ）   零（   ）   伯（   ）

佰（   ）   千（   ）   仟（   ）   壹（   ）   万（   ）

亿（   ）   乙（   ）   角（   ）   元（   ）   伍（   ）

（三）下列各题都没按正确规则书写，请在各题后面按正确规则书写

1. 人民币拾元整   ￥
2. 伍拾玖元整   ￥
3. 人民币陆仟零零贰元   ￥
4. 人民币 76.00 元   ￥
5. 人民币肆元陆角   ￥
6. 人民叁元整   ￥
7. 人民币伍仟元   ￥
8. 人民币七十六元   ￥
9. 人民币伍元   ￥
10. 人民币零点伍元整   ￥

三、数码字练习

（一）阿拉伯数码字书写练习

请按标准阿拉伯数字字体练习

阿拉伯数字书写练习用纸

	千	百	十	万	千	百	十	元	角	分	千	百	十	万	千	百	十	元	角	分	千	百	十	万	千	百	十	元	角	分	千	百	十	万	千	百	十	元	角	分

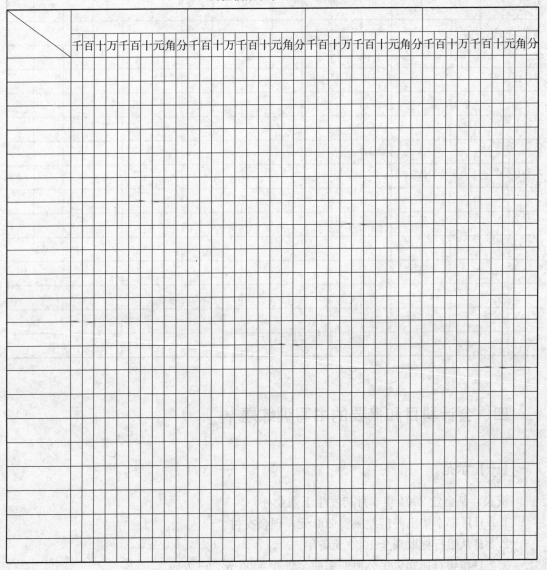

（二）汉字大写数字书写练习

请按下列大写数字标准练习大写数字的书写

壹	贰	叁	肆	伍	陆	柒	捌	玖	拾	零

大写数字书写练习用纸

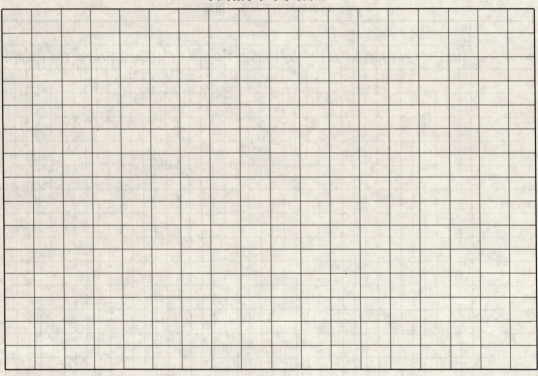

四、会计科目和摘要的书写训练题

（一）示范

资料：某企业 2004 年 5 月初发生下列业务

1. 2 日厂部李华出差借差旅费 200 元，现金支付。

2. 2 日从银行提取现金 1000 元备用。

3. 2 日接银行通知凤华公司汇来前欠货款 9000 元，已入账。

4. 3 日银行存款支付厂部办公费 600 元。

5. 3 日已存款支付光华厂货款 5000 元。

将上述业务编制简化记账凭证如下：

记账凭证简化格式

2004 年		凭证字号	摘　要	会计科目	借方金额	贷方金额
月	日					
5	2	现付字 1	李华借支差旅费	其他应收款	200.00	
				现金		200.00
	2	银付字 1	提现金备用	现金	1000.00	
				银行存款		1000.00
	2	银收字 1	收到凤华公司前欠货款	银行存款	9000.00	
				应收账款		9000.00
	3	银付字 2	支付厂部办公费	管理费用	600.00	
				银行存款		600.00
	3	银付字 3	支付前欠光华厂货款	应付账款	5000.00	
				银行存款		5000.00

（二）练习

资料：立新工厂 13 年 12 月发生下列业务

1.5 日，收到投资人 100000 元投资存入银行。

2.9 日，从工商银行取得一项为期五年的长期借款 500000 元。

3.11 日，从银行提取现金 2000 元备用。

4.18 日，从某单位购甲材料 30000 元，验收入库，货款未付。

5.20 日，以现金 2 500 元直接用于支付上述材料的运输及装卸费用。

6.26 日，用银行存款偿还所欠某供货单位材料款 30000 元。

7.27 日，向 A 公司销售库存商品价款 60000 元，A 公司以转账支票支付部分货款 40000 元，余款暂欠。

8.30 日，董事会决议向投资者分配股利 80000 元。

9.31 日，将现金 30000 元存入银行。

10.31 日，职工刘林出差预借差旅费 5000 元，以现金付款。

要求：请写出上述业务所使用的会计科目和每一项业务的摘要、金额，填入简化记账凭证中。

简化记账凭证

2004 年		凭证 字号	摘　　要	会计 科目	明细 科目	借方 金额	贷方 金额
月	日						

项目三　出纳会计凭证

【知识目标】

1. 了解原始凭证的内容和填制要求；

2. 掌握常用原始凭证的填制和审核。

【技能目标】

1. 观看、试手填制原始凭证的过程；

2. 分析、总结归纳出原始凭证填制和审核的要领。

【情感态度与价值观】

通过学习，体验原始凭证与生活和工作的关系，激发学习会计的兴趣。

任务一　填制出纳原始凭证

任务导入

我们都到商店、商场或超市买过东西。买日常生活用品我们通常不开发票，可买大件商品就要索要发票，这个发票是我们买东西的依据，是日后商品更换、维修或退货的凭证。

你们开过发票吗？发票是什么样的？

【案例】王大明是宏达公司的工作人员，2013 年 12 月 6 日到利民商场购买办公用品：墨水 20 箱，每箱 20 元；钢笔 6 盒，每盒 60 元，共计 760 元，以支票付款，取得发票，如表 1 所示：

表1

××市商业零售统一发票

客户名称：大宏公司　　　　　　　　　　　　　　　　2013 年 12 月 6 日

No6757952

品名规格	单位	数量	单价	满万元无效	金额					
					千	百	十	元	角	分
办公用品						7	6	0	0	0

合计金额（大写）× 仟 柒 佰 陆 拾 零 元 零 角 零 分　　　　¥：760.00

付款方式	支票	开户银行及账号	工行石岗分理处

第二联　发票联

填票人：张荣　　　　　收款人：李明　　　　　单位名称：（章）利民商场

　　办公用品入库时发现墨水有一箱是半瓶的，数日后找到商场要求更换，而当时的售货员已不在，双方发生争执，商场称 760 元价位的办公用品有几十种，没有 760 元价位的墨水，不予调换，红纸黑字有理也说不清，王大明最终也没有换成。

　　做每一项工作都有它的规范及要求，你知道错哪了吗？请你试着填一张：

表2

××市商业零售统一发票

客户名称：大宏公司　　　　　　　　　　　　　　　　年　　月　　日

No6757953

品名规格	单位	数量	单价	满万元无效	金额					
					千	百	十	元	角	分

合计金额（大写）　　仟　　佰　　拾　　元　　角　　分　　　　¥：

付款方式		开户银行及账号	工行石岗分理处

第二联　发票联

填票人：张荣　　　　　收款人：李明　　　　　单位名称：（章）利民商场

 任务引领

一、原始凭证的填制

（一）工作过程

　　填制和审核原始凭证是会计核算工作的起点，是会计工作的基本环节。原始凭证是在

经济业务发生或完成时取得或填制的，一般由发生经济业务单位的经办人员填写，其中大部分由企事业单位的业务经办人员填写，少部分由会计人员填写，然后作为记账的依据。正确填制和严格审核原始凭证是会计核算的一项基本技能。

任何一项经济业务的发生都要取得相应的凭证，否则口说无凭。原始凭证就是：①记录经济业务具体内容和完成情况。②用来明确经济责任。③用于记账的原始依据。④具有法律效力的书面证明。

(二) 填制原始凭证需要的相关知识

（1）具有文字和数字书写基本功，书写文字和数字要规范、整洁、流畅、清晰，易于辨认。

（2）熟练掌握和熟练运用珠算技术、计算器盲打。

（3）熟悉原始凭证的相关规定。原始凭证的一般内容：①原始凭证的名称：发票、收据、发料单、收料单。②原始凭证的日期和编号：取得日期、每张凭证的编序号。③接收凭证的单位名称：俗称抬头。④经济业务的内容、实物数量、单价、金额。⑤填制凭证的单位（章），及经办人员签字。

(三) 原始凭证的填制要求

1. 真实可靠

即如实填列经济业务的内容和数字，不得弄虚作假，不涂改和挖补。随意涂改原始凭证即为无效凭证。

2. 内容完整

即应该填写的各项内容，都要填写齐全，不得遗漏。需注意的是年、月、日要按照填制原始凭证的实际日期填写；名称要写全，不能简化；品名或用途要填写明确，不能含糊不清；有关经办业务人员的签章必须齐全。

3. 填制及时

每当一项经济业务发生或完成，都要立即填制原始凭证，做到不积压、不误时、不事后补制。

4. 书写清楚

原始凭证的上数字书写符合会计上的技术要求，文字工整，不草、不乱、不"造"字；复写的凭证，不串行、不模糊。原始凭证如填错，不得随意涂改、括擦、挖补，应按规定方法更正。但对涉及货币资金收付的原始凭证，如有填错，则必须将其作废重填，并将错误的凭证加盖"作废"戳记。

5. 顺序使用

即收付款项或实物的凭证要顺序或分类编号，在填制时按照编号的次序使用，跳号的凭证应加盖"作废"戳记，不得撕毁。

二、案例再现：实务操作录像，几种常用原始凭证的填制举例

1. 收料单的填制

收料单是供销部门在外购的材料物资验收入库时填制的凭证，一般一式三联，用蓝色圆珠笔复写，一联验收人员留底，二联交仓库保管人员据以登记明细账，三联连同发货票交财会部门办理结算。

【例】2013 年 12 月 5 日新新公司从长城水泥厂购 300♯水泥 100 吨，每吨 300 元，检验员李强验收入库，全部合格。验收入库单如表 3 所示：

表 3   材料验收入库单   供应单位：<u>长城水泥厂</u>

发 票 号：<u>245465</u>   2013 年 12 月 5 日   字第 12 号

材料类别	材料名称	规格材质	计量单位	数量	实收数量	金额							
						单价	十	万	千	百	十	元	角	分
	水泥	300♯	吨	100	100	300.00		3	0	0	0	0	0	0
检验结果 合格 检验员签单：李强			运杂费										
			合计			¥	3	0	0	0	0	0	0
备注													

第三联 材料会计

2. 领料单的填制

领料部门按规定填写请领数量送交仓库，仓库对领料单审核后发料。为了便于分类汇总，领料单要"一料一单"地填制，即一种原材料填写一张单据。领料单一般一式四联，一联存根仓库留底，二联仓库记账，三联会计记账，四联统计。领用原材料需经领料部门负责人批准后，方可填制领料单。

【例】2014 年 2 月 3 日第三车间领用原材料水泥 10 吨，填制领料单如表 4 所示：

表4　　　　　　　　　　　　　　　**领料单**

领用部门：第三车间

库　　号：1　　　　　　　　　　2014 年 2 月 3 日　　　　　　　　　　编号：3556

编号	类别	名称	规格	单位	数量		金额	
					请领	实发	单价	总额
		水泥	300#	吨	10	10	300.00	3000.00
合　计							300.00	￥3000.00
用途	原材料							

发料人：李莉　　　　记账：徐娟　　　　领料部门负责人：张承　　　　领料人：王东

3. 普通发货票的填制

业务人员销售货物时填制普通发货票。首先要写清购货单位的名称全称，不能过于简略。然后按凭证格式和内容逐项填列齐全。发货票要如实填写，不能按购货人的要求填写。经办人的签章和单位的公章都要盖全。一般一式三联，存根、记账联、发票联。

【例】新新公司为增值税小规模纳税人，2014 年 3 月 5 日，销售自产化肥 10 吨给大城供销社，每吨零售价 2120 元，开具普通发票。

表5　　　　　　　　　　**工业企业统一发票（记账联）**

客户名称：兴城供销社　　　　　　　　　　　　　　　　　　　2014 年 3 月 5 日

№5423214

项目	单位	数量	单价	金额						
				万	千	百	十	元	角	分
化肥	吨	10	2120	2	1	2	0	0	0	0
				2	1	2	0	0	0	0

合计金额人民币（大写）贰万壹仟贰佰零拾零元零角零分　　　　　　￥：21200.00

填票人：郑新　　　　收款人：张兴　　　　单位名称：新新公司（章）

4. 增值税专用发票的填制

增值税是就其货物或劳务的增值部分征税的一种税种。在中华人民共和国境内销售货物或者提供加工、修理修配劳务以及进口货物的单位和个人为增值税的纳税义务人。目前，我国将纳税人按其经营规模大小及会计核算健全与否分为：一般纳税人和小规模纳税人。增值税专用发票只限于一般纳税人领购使用，增值税的小规模纳税人和非增值税纳税人不得使用。小规模纳税人需要开具增值税专用发票的，可由当地税务部门代为开具增值税专用发票。

增值税专用发票一式四联：第一联：存根联，销货单位留存备查；第二联：发票联，购货单位记账；第三联：抵扣联，购货单位作抵扣税款凭证；第四联：记账联，销货单位记账。

【例】东建公司为增值税一般纳税人，适用17％税率。2014年3月15日，销售冰箱20台给星河商厦，每台不含税单价2000元，要求填制增值税专用发票。

表6

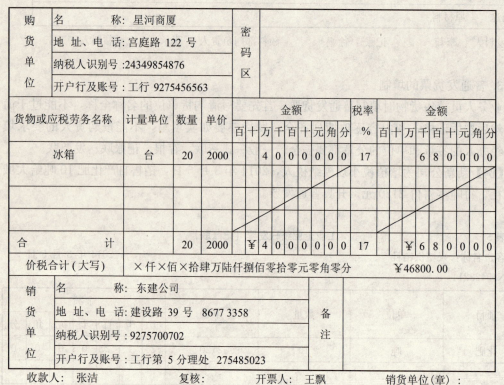

增值税专用发票
发 票 联

开票日期：2014年3月15日   No. 023551180

购货单位	名 称：星河商厦				密码区										
	地址、电话：宫庭路122号														
	纳税人识别号：24349854876														
	开户行及账号：工行 9275456563														

货物或应税劳务名称	计量单位	数量	单价	金额 百 十 万 千 百 十 元 角 分	税率 ％	金额 百 十 万 千 百 十 元 角 分
冰箱	台	20	2000	4 0 0 0 0 0	17	6 8 0 0 0 0
合　　计		20	2000	￥4 0 0 0 0 0	17	￥6 8 0 0 0 0

价税合计（大写）	×仟×佰×拾肆万陆仟捌佰零拾零元零角零分 ￥46800.00

销货单位	名 称：东建公司	备注
	地址、电话：建设路39号 8677 3358	
	纳税人识别号：9275700702	
	开户行及账号：工行第5分理处 275485023	

收款人：张洁   复核：   开票人：王飘   销货单位(章)：

（第四联 销货方记账凭证）

5. 借款单（或借据）的填制

借款人经借款单位（或有关部门）领导人批准填写借款单，并交送财会部门办理借款手续。财会部门对借款单位审核无误后准予借款，支付现金，或开现金支票由借款人去银行提取现金；借款人归还借款时，将借款回执退回借款人。

【例】2014年2月4日，新新公司营业部汪明到北京出差，预借差旅费2000元。填制借款单如下：

表7　　　　　　　　　　　　　　借　款　单

2014 年 2 月 4 日

借款单位：营业部		
借款理由：北京出差		
借款数额：人民币（大写）贰仟元整		￥2000.00
部门负责人意见　尚达明		借款人（签章）汪明
单位领导批示： 白琳	会计主管人员核批： 薛子	付款记录：2014 年 2 月 4 日以第 8 号 支票或现金支出凭单付给

6. 差旅费报销单的填制

企业派出人员返回单位报销时填制的凭证。报销单为单联式，由报销人填制，然后交财会做为现金退补的依据。

【例】新新公司汪明到北京开营销会，火车票 2 张 360 元，长途车费 80 元，市内交通费 12 元，住宿费 800 元，其他 28 元。出差 4 天，每天补助 30 元，原出差借款 2000 元，余款退回。

表8　　　　　　　　　　　　　差旅费报销单

单位名称：新新公司　　出差起止日期由　　2014 年 2 月 5 日至 2014 年 2 月 9 日

出差人姓名	汪明		出差地点	北京	出差天数	4	事由营销会议	
	种　类	票据张数	金　额	出差地点	天数	标准	金额	报销结算情况
车船及住宿费								原出差借款2000元 报销1400元
	火车费	2	360	出差补助费	北京	4	30	120	补发　元 退还 600元
	长途汽车费	2	80						说　　明
	市内电汽车费	6	12						负责人王佳 支领人汪明
	住宿费	1	800						2014年2月10日
	其　他	1	28						
	小　计	12	1280						
合金计额	大写壹仟肆佰零拾零元零角零分　　　　小写：￥ 1400.00 元							

7. 三联收款收据的填制

三联收款收据由收款单位填制，一般作为单位内部非正式票据使用，一式三联。第一联：存根，收款方开单后留存。第二联：收款后交付款人，作为付款方费用支出的依据。第三联：开单后交收款方，作记账依据。

【例】2014年2月9日收到职工汪明退还的多余出差款600元，填制收据如表9所示：

表9　　　　　　　　　　　　　　　　　新新公司收款收据

第三联：记账联　　　　2014年2月9日　　　　　　　　　　　　　　　　　№3258467

交款单位或交款人	汪明	收 款方 式	现金	收费收据使用
事由　　归还欠款			备注：	
人民币（大写）陆佰元整	￥600.00			

收款单位（盖章）：新新公司　　　　　　　　　收款人（签章）：王佳

8. 支票的填制

（1）支票是出票人签发的，委托办理支票存款业务的银行在见票时无条件支付确定的金额给收款人或者持票人的票据。

（2）支票上印有"现金"字样的为现金支票，现金支票只能用于支取现金。

表10　　　　　　　　　　　　　　　中国工商银行现金支票正面

中国工商银行现金支票存根 00000000 00000000 附加信息 出票日期　　年　月　日 收款人： 金　额： 用　途： 单位主管　　会计	付款期限自出票之日起十天	中国工商银行　　现金支票　　00000000 00000000 出票日期（大写）　　年　月　日付款行名称 收款人：　　　　　　　　　　出票人账号

人民币（大写）	千	百	十	万	千	百	十	元	角	分

用途：_____　　　　　密码_____

上列款项请从
我账户内支付
出票人签章　　　　　　　复核　　　记账

表11　　　　　　　　　　　　　　中国工商银行现金支票背面

附加信息：		（贴粘单处）	根据《中华人民共和国票据法》等法律法规的规定，签发空头支票由中国人民银行处以票面金额5%但不低于1000元的罚款。
	收款人签章 年　月　日		
	身份证件名称：　　　发证机关：		
	号 码		

注意：支票上印有"转账"字样的为转账支票，转账支票只能用于转账。

表12　　　　　　　　　　　　　　中国工商银行转账支票正面

中国工商银行 转账支票存根 00000000 00000000	付款期限自出票之日起十天	中国工商银行　　转账支票　　00000000 00000000										
附加信息		出票日期（大写）　　年　　月　　日付款行名称										
		收款人：　　　　　　　　　　出票人账号										
		人民币 （大写）	千	百	十	万	千	百	十	元	角	分
出票日期　　年　月　日												
收款人：		用途：_____　　　密码_____										
		上列款项请从 我账户内支付										
金　额：		出票人签章　　　　　复核　　　记账										
用　途：												
单位主管　会计												

表13　　　　　　　　　　　中国工商银行转账支票背面

附加信息：		（贴粘单处）	根据《中华人民共和国票据法》等法律法规的规定，签发空头支票由中国人民银行处以票面金额5%但不低于1000元的罚款。
	收款人签章 年　月　日		
身份证件名称：　　　　发证机关：			
号 码			

支票上未印有"转账"或"现金"字样的为普通支票，普通支票可以用于支取现金也可以用于转账。在普通支票左上角划两条平行线的为划线支票，划线支票只能用于转账。

（3）单位和个人在统一票据交换区域的各种款项结算，均可以使用支票。签发支票必须记载以下事项：①表明"支票"字样。②无条件支付的委托。③确定的金额。④付款人名称。⑤出票日期。⑥出票人签章。

欠缺记载上列事项之一的，支票无效。

（4）支票的填写

签发支票应使用碳素或蓝黑墨水，将支票上的各要素填写齐全，并在支票上加盖其预留银行印鉴。

①出票日期的填写。支票的出票日期必须使用中文大写。为防止变造票据的出票日期，在填写月、日时，月为壹、贰和壹拾，日为壹至玖和壹拾、贰拾、叁拾的，应在其前加零，日为拾壹至拾玖的，应在其前加壹。

如：1月15日应写成：零壹月壹拾伍日

　　10月20日应写成：壹拾月零贰拾日

　　2月10日应写成：零贰月零壹拾日

　　11月30日应写成：壹拾壹月零叁拾日

　　12月8日应写成：壹拾贰月零捌日

票据出票日期使用小写填写的，银行不予受理。大写日期未按要求规范填写的，银行可予受理，但由此造成损失的，由出票人自行承担。

②签发日期应填写实际出票日期，不得补填或者预填日期，对收款人必须填写清楚。

③对大小写金额必须填写齐全，且大小写金额必须一致，如有错误不得更改，应另行签发，其他各栏填错，可在改正处加盖预留印鉴之一，予以证明。在小写金额前应加填金额符号"￥"。

④出票人签章应按预留印鉴分别签章，缺漏签章或签章不符时银行不予受理。

⑤作废的支票不得扯去，应由签发单位自行注销，与存根一起保管，在结清销户时，

连同未用空白支票一并缴还银行。

【例】

康力设备集团公司：

地　　址：津津市解放南路 306 号

开户行：市工商银行承东支行

账　　号：430002183456

纳税人识别号：431018998878

欣欣百货有限公司：

地　　址：津津市卫津路 122 号

开户行：市建设银行南与支行

账　　号：802845450459

纳税人识别号：385464688933

发生如下业务：

①2014 年 1 月 3 日，康力集团提取现金 100388.56 元，备发工资，开出现金支票。

②2014 年 1 月 20 日，康力集团从欣欣公司购买墨水 100 瓶，打印纸一批，共计 1035 元，康力集团开出转账支票。

第一笔业务填制的现金支票如表 14 所示：

表 14　　　　　　　　　　　　现金支票

中国工商银行 现金支票存根		中国工商银行　　现金支票　　VV09652731
	付款期限自出票之日起十天	出票日期(大写)贰零壹肆年零壹月零叁日　　付款行名称:工行承东支行
附加信息		收款人:康力设备集团公司　　出票人账号:430002183456
		人民币(大写) 壹拾万零叁佰捌拾捌元伍角陆分　千百十万千百十元角分　¥100388 56
出票日期 2014年1月3日		用途:　工资　　　密码
收款人:康力设备集团公司		上列款项请从 我账户内支付
金　额:¥100388.56		出票人签章　　复核　　记账
用　途:工资		
单位主管:王胜　会计:张明		

第二笔业务填制的现金支票如表 15 所示：

表 15   现金支票

中国工商银行 现金支票存根		🏦 中国工商银行　　现金支票　　ⅤⅤ09652658
	付款期限自出票之日起十天	出票日期(大写)贰零壹肆年零壹月零贰拾日　付款行名称:工行承东支行
附加信息		收款人:欣欣公司　　　　　　　　出票人账号:430002183456

中国工商银行 现金支票存根	付款期限自出票之日起十天	人民币 (大写) 壹仟零叁拾伍元整	千	百	十	万	千	百	十	元	角	分
						￥	1	0	3	5	0	0

出票日期 2014年1月20日		用途: 购办公用品　　　　密码
收款人:欣欣公司		上列款项请从 我账户内支付
金　额:￥1035.00		出票人签章　　　　　复核　　　记账
用　途:购办公用品		
单位主管:王胜　会计:张明		

9. 进账单的填制

银行进账单是存款人向开户银行存入从外单位取得的转账支票、银行汇票等需委托银行收款时填制的单证,一般一式两联,也可一式三联:第一联(收账通知):收款人开户银行交给收款人的收账通知,收款人据以记账;第二联(贷方凭证):收款人开户行作贷方凭证。第三联为银行交给收款人的回单。

【例】

销货单位:深州安成建材有限公司

纳税识别号:410105460624399

地　　址:深州市建设路 30 号

电　　话:8457270

开户行及账号:工商银行深州支行建设路分理处　06 - 754332901

购货单位:深州腾龙装饰有限公司

纳税识别号:410105460877686

地　　址:深州市二七路 132 号

电话:7566787

开户行及账号:工商银行深州支行二七路分理处　09 - 75466812

2014 年 3 月 15 日,深州安成建材有限公司销售空心砖 4000 块,价税合计 23400 元,当日对方以转账支票办理结算,深州安成建材有限公司于 16 日把支票送存银行,填制进账单如下:

表 16　　　　　　　中国工商银行进账单（收账通知）①

2014 年 3 月 16 日　　　　　　第　　号

收款人	全称	深州安成建材有限公司	付款人	全称	深州腾龙装饰有限公司	收款人的收账通知
	账号	06－754332901		账号	09－75466812	
	开户行	工商银行深州支行建设路分理处路分理处		开户行	工商银行深州支行二七路分理处	

人民币（大写）	贰万叁仟肆佰元整	亿	千	百	十	万	千	百	十	元	角	分
						2	3	4	0	0	0	0

票据种类	转账支票	
票据张数	1	
单位主管　　会计　　复核　　记账	（章）收款人开户行盖章	

10. 现金存款单

出纳人员清点票币，将同面额的纸币摆放在一起，按每一百张为一把整理好，不够整把的，从大额到小额顺放；将同额硬币放在一起，壹元、伍角、壹角硬币，按每伍拾枚用纸卷成一卷，不足一卷的一般不送存银行，留作找零用。款项清点整齐核对无误后，由出纳人员填写现金存款单存入银行。

现金存款单填写要求：双面复写纸复写。交款日期必须填写交款的当日，收款人名称应填写全称。款项来源要如实填写，大小写金额的书写要标准，券别和数额栏按实际送款时各种券面的张数或券枚填写。然后将款项同交款单一并交银行收款柜收款。银行核对以后盖章，并将第一联（回单）交存款单位作记账凭证。

现金存款单为一式三联或一式二联：

第一联为回单，此联由银行盖章后退回存款单位；

第二联为收入凭证，此联由收款人开户银行作凭证；

第三联为附联，做附件，是银行出纳留底联。

【例】

单位：深州安成建材有限公司

纳税识别号：410105460624399

地址：深州市建设路 30 号

电话：8457270

开户行及账号：工商银行深州支行建设路分理处　　06－754332901

2014 年 2 月 15 日，出纳将多余库存现金 4600 元存入银行。（填制现金存款单，面额 100 元 40 张，10 元 60 张）

表17　　　　　　　　　中国工商银行现金存款单（第一联回单）

2014 年 2 月 15 日

存款单位	全称	深州安成建材有限公司	开户银行	工行深州建设分理处
	账号	06 - 754332901	款项来源	库存备用金

人民币（大写）	肆仟陆佰元整		万	千	百	十	元	角	分
		¥	4	6	0	0	0	0	

票面	张数	万	千	百	十	元	角	分	票面	张数	百	十	元	角	分	本存款单金额银行全部收讫
壹佰元	40		4	0	0	0	0	0	伍角							
伍拾元									贰角							
拾元	60			6	0	0	0	0	壹角							
伍元									伍分							
贰元									贰分							（收款银行盖章）
壹元									壹分							收款员　　复核员

三、原始凭证的审核

在实际工作中由于经办人员对填制原始凭证的要求不熟悉或工作疏漏或有意弄虚作假，致使填制的原始凭证不符合要求。《会计法》规定，会计机构、会计人员必须审核原始凭证，这是法定职责。各种原始凭证除由经办业务部门审核以外，还要由会计部门进行审核。审核的内容主要包括：

（一）审核"要素"

在确认原始凭证是财政、税务部门允许使用的发票、收据、车船票以及内部自制凭证等反映经济业务发生书面证明有效的基础上，根据《会计基础工作规范》规定，进行基本要素构成的完备性检查。即审核凭证的名称；凭证填制日期和编号；接受单位名称；经济业务内容；数量、单价和金额；填制凭证单位盖章及经办人的签名等是否齐全。

（二）审核"抬头"

主要审核凭证上的"抬头"是否与本单位名称相符，有无添加、涂改的现象。

（三）审核"填写内容"

发票中各项内容填写不规范、不齐全、不正确、涂改现象严重，是虚假原始支出凭证的主要表现特征。如凭证字迹不清；"开票人"仅填"姓氏"；计量单位不按国家计量法定单位；违反"不得要求变更品名"的规定；或货物名称填写不具体等。

（四）审核"数字"

具体检查以下方面：数量乘单价是否等于金额；分项金额相加是否等于合计数；小写金额是否等于大写金额；阿拉伯数字是否涂改。

（五）审核是否"阴阳票"

采用多联式发票办理结算业务，复写是必不可少的环节。对于背面无复写笔迹的支出凭证上（通常称"阴阳票"），存在"大头小尾"的可能性，必须向持证人查询原因。

（六）审核"限额"

出于票证管理的需要，有的发票规定最高限额为"千位"，但是开票人在发票上人为地增添一栏"万位"。这类支出凭证，一般是违纪或违规凭证。

（七）审核"经济内容"

审核行业专用发票与填写的经济内容是否一致。私自改变发票的使用范围，跨行业使用或者借用发票，是虚假原始支出凭证的重要特征。

（八）审核"白条"

"白条"是由单位或个人开具的没有固定格式、不具备规定内容的非正式原始凭证。在实际工作中，不同程度地存在"白条"作支出凭证的事项。例如：外单位没有加盖公章的借条；本单位没有领导签字的借条等。遇到"白条"，一定要审核手续，查询原因。

（九）审核"印章"

主要是检查印章是否符合规定。"印章"是指具有法律效力和特定用途的"公章"，即能够证明单位身份和性质的印鉴，包括业务公章、财务专用章、发票专用章、结算专用章等。虚假发票印章一般特征表现为：印章本身模糊，或盖印时有意用力不够以致不清晰；专用章不采用符合规定的印章乱盖其他印章，有的甚至干脆不盖印章等。

（十）审核"开支标准"

根据现行有关财经法规、财务制度的规定，严格审查修理费、会议费、招待费、差旅费、电话费等各项费用是否合理和符合开支标准。

总之原始凭证的审核工作，是一项技术要求较高的工作，不可能一蹴而就，一步到位，需要经过从"不会"到"胜任"的过程。缩短这个过程，就必须善于总结工作经验。

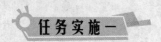

任务实施一

模拟实训

实训目的

练习填制原始凭证。

实训材料

配有相关原始凭证、符合书写要求的书写用笔。

实训要求

1. 准确填制原始凭证。

2. 了解原始凭证的传递程序。

实训资料

企业概况

企业名称：石门市创建化工有限司

地　　址：石门市中华大街 170 号

业务范围：生产、销售化工产品

纳税性质：一般纳税人，增值税率 17%，登记税号 310227740596

开户银行：中国银行石门分行桥东区支行

账　　号：100200360202

2014 年 4 月发生下列经济业务：

（1）2 日，财务部出纳员王乐开出现金支票一张 2000 元，从银行提取现金，以备零用。

（现金支票号：0064523）

（2）5 日，从南京市花园公司（地址：南京市灯光路 103 号，登记税号 478198022310，账号 200342422101，开户银行：中国银行南京分行花园区支行）购入 A 材料 600 千克，单价 200 元，增值税率 17%，货款尚未支付，材料入库。代南京花园开增值税专用发票。

（3）8 日，供销部李宁出差到北京红利公司采购，供销部经理李政批准，从财务科借现金 1300 元。财务部经理刘源同意。

（4）11 日，去石门市人百集团购买办公室购买办公用品 400 元：其中信签 100 本，单价 2 元，水笔 200 只，单价 1 元，转账支票付款。（转账支票号 0098709）

（5）17 日，收到本市凯旋公司汇来的前欠货款 800000，收到转账支票一张，填写进账单。（凯旋公司地址：石门市石岗大街 108 号，开户银行：中国银行石门分行石岗大街支行，账号：7658760998000）

（6）24 日，销售给本市阳光公司（地址：石门市光华路 403 号，登记税号 100288822030，开户银行：中国银行石门市分行解放路支行，账号：378900900450）甲产品 200 件，单价 800 元，增值税率 17%，货款尚未收到。开出增值税专用发票。

（7）30 日，供销部李宁出差归来报销差旅费 1200 元（8 日～27 日，车票 2 张，金额

110元；市内交通单据6张，金额90元；住宿费20天，金额800元；住勤费170元；途中补助30元），填写差旅费报销单。负责人王大力签字。

　　要求：根据上述业务填制原始凭证。

　　附业务原始单证：

表18　　　　　　　　　　　河北省增值税专用发票

No 18000554

开票日期：　　年　月　日

购货单位	名　　　　称：		密码区	（略）		
	纳税人识别号：					
	地址、电话：					
	开户行及账号：					

货物或应税劳务名称	规格型号	单位	数量	单价	金额	税率	税额
合计							

价税合计（大写）		（小写）¥

销售单位	名　　　　称：		备注	
	纳税人识别号：			
	地址、电话：			
	开户行及账号：			

收款人：　　　　　复核：　　　　　开票人：　　　　　销货单位：（章）

第二联　抵扣联　购货方扣税凭证

表19　　　　　　　　　　　河北省增值税专用发票

发票联

No 00946896

开票日期：　　　年　月　日

购货单位	名　　　　称：		密码区	（略）			
	纳税人识别号：						
	地　址、电话：						
	开户行及账号：						

货物或应税劳务名称	规格型号	单位	数量	单价	金额	税率	税额
合计							

价税合计（大写）		（小写）¥	

销售单位	名　　　　称：	备注
	纳税人识别号：	
	地　址、电话：	
	开户行及账号：	

收款人：　　　　　复核：　　　　　开票人：　　　　　销货单位：（章）

第二联　发票联　购货方记账凭证

表20　　　　　　　　　　　河北省统一收款收据

收 据 联

地税

收据代码：2440899654

收据号码：00951888

开票日期：

缴款单位或个人		
款项内容	收款方式	
人民币（大写）		¥：
收款单位盖章	收款人盖章	备注　本收据不得用于经营款项收入

第二联　收据联

表21 材料验收入库单

发票号：_____ 年 月 日 字第 号

材料类别	材料名称	规格材质	计量单位	数量	实收数量	金额								
						单价	十	万	千	百	十	元	角	分
检验结果 检验员签单：				运杂费										
				合计										
备注														

表22 借 款 单

年 月 日

借款单位：		
借款理由：		
借款数额：人民币（大写）		￥
部门负责人	借款人（签章）	
经理批示：	会计主管人员核批：	备注

表23 商业零售统一发票

客户名称： 年 月 日 No9767950

品名规格	单位	数量	单价	满万元无效	金额					
					千	百	十	元	角	分
合计金额（大写） 仟 佰 拾 元 角 分					￥：					
付款方式		开户银行及账号								

填票人： 收款人： 单位名称：（章）

第一联 发票联

表 24　　　　　　　　　　　　　　　　**现金支票**

中国工商银行 现金支票存根 00000000 00000000	付款期限自出票之日起十天	🏦 中国工商银行　　　现金支票　　　　00000000 　　　　　　　　　　　　　　　　　　　　　00000000

中国工商银行　　现金支票存根

00000000

00000000

附加信息 _____

出票日期　　　年　月　日

收款人：

金　额：

用　途：

单位主管　　会计

付款期限自出票之日起十天

🏦 中国工商银行　　　现金支票　　　　00000000

　　　　　　　　　　　　　　　　　　　00000000

出票日期（大写）　　年　月　日　付款行名称

收款人：　　　　　　　　　　　　出票人账号

人民币 （大写）	千	百	十	万	千	百	十	元	角	分

用途：_____　　　密码_____

上列款项请从

我账户内支付

出票人签章　　　　　　　复核　　　记账

表 25　　　　　　　　　　　　　　　　**转账支票**

中国工商银行　　转账支票存根

00000000

00000000

附加信息 _____

出票日期　　　年　月　日

收款人：

金　额：

用　途：

单位主管　　会计

付款期限自出票之日起十天

🏦 中国工商银行　　　转账支票　　　　00000000

　　　　　　　　　　　　　　　　　　　00000000

出票日期（大写）　　年　月　日　付款行名称

收款人：　　　　　　　　　　　　出票人账号

人民币 （大写）	千	百	十	万	千	百	十	元	角	分

用途：_____　　　密码_____

上列款项请从

我账户内支付

出票人签章　　　　　　　复核　　　记账

表26   中国银行进账单（收账通知）①

年 月 日   第 号

收款人	全称		付款人	全称		付款人的收账通知
	账号			账号		
	开户行			开户行		

人民币（大写）		亿	千	百	十	万	千	百	十	元	角	分

票据种类		（章）
票据张数		付款人开户行盖章

表27   **差旅费报销单**

单位名称：   出差起止日期由 年 月 日 至 年 月 日

出差人姓名		出差地点		出差天数		事由

车船及住宿费	种 类	票据张数	金 额	出差补助费	出差地点	天数	标准	金额	报销结算情况
									原出差借款 元 报销 元
	火车费								补发 元 退还 元
	长途汽车费								说明
	市内交通费								负责人 支领人
	住宿费								年 月 日
	住勤费								
	小 计								

合计金额	大写 仟 佰 拾 元 角 分	小写：￥_____元

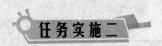

任务实施二

模拟实训

实训目的
练习原始凭证的审核。
实训材料

表 28   现金支票

中国工商银行 现金支票存根 00000000 00000000	付款期限自出票之日起十天	中国工商银行　现金支票　00000000　00000000
附加信息		出票日期（大写）　年　月　日付款行名称 收款人：　　出票人账号
出票日期　年 月 日 收款人：		人民币（大写）　千百十万千百十元角分
金　额： 用　途： 单位主管　会计		用途：＿＿＿＿　密码＿＿＿＿ 上列款项请从 我账户内支付 出票人签章　　复核　记账

表 29   商业零售统一发票

客户名称：宏大公司　　　　2014 年 5 月 6 日　　　　No 6757950

品名规格	单位	数量	单价	满万元无效	金额 千 百 十 元 角 分
毛巾	条	100	7		
肥皂	块	100	1.5		
合计金额（大写）　仟 捌 佰 伍 拾 零 元 零 角 零 分					¥：850.00
付款方式	支票	开户银行及账号			

填票人：　　　　收款人：李　　　　单位名称：（章）

第一联 发票联

表 30

借 款 单

2014 年 2 月 6 日

借款单位：销售科	
借款理由：出差	
借款数额：人民币（大写）壹仟伍佰元整	￥1500.00
本部门负责人意见	借款人（签章）李阳
单位领导批示：　会计主管人员核批：	付款记录： 　　　年　月　日以第 11 号 支票或现金支出凭单付给

表 31

差旅费报销单

单位名称：供销科　　　出差起止日期由　　2014 年 4 月 15 日至 2014 年 4 月 21 日

出差人姓名	张欣	出差地点	大连	出差天数	7	事由营销会议 采购

车船及住宿费	种　类	票据张数	金　额	出差补助费		金额	报销结算情况
							原出差借款1500元 报销1770元
	火车费	2	462	出差补贴		240	补发　元 退还　元
	长途汽车费						说明
	市内交通费	6	18				负责人
	住宿费	1	1050				支领人
	住勤费						年 月 日
	小　计		1530			240	
合计	大写　仟　佰　拾　元　角　分			小写：￥1700.00 元			

出差补助日标准：20 元。

表 32

增值税专用发票

发 票 联

开票日期：2014 年 3 月 20 日 No.023551180

购货单位	名　　　称：兴城供销社	密码区	
	地址、电话：南环路42号		
	纳税人识别号：243498578876		
	开户行及账号：工行9275222569		

货物或应税劳务名称	计量单位	数量	单价	金额 百 十 万 千 百 十 元 角 分	税率 %	金额 百 十 万 千 百 十 元 角 分
化肥	吨	22	2000	4 0 0 0 0 0 0	13	5 2 0 0 0 0
合　　　计		20	2000	¥ 4 0 0 0 0 0 0	13	¥ 5 2 0 0 0 0
价税合计（大写）	×仟×佰×拾肆万伍仟贰佰零拾零元零角零分					¥45200.00

第三联 发票联 销货方记账凭证

销货单位	名　　　称：东建公司	备注	
	地址、电话：建设路39号　8677 3358		
	纳税人识别号：9275700702		
	开户行及账号：工行第5分理处　275485023		

收款人：　　　　　复核：　　　　　开票人：　　　　　销货单位（章）：

要求：审核原始凭证，指出存在的问题。

任务实施三

模拟实训

实训目的

培养从细节入手，做合格职业会计人的意识。

实训材料

1．李立总是凭证填错了，又粘又贴，有时还用涂改液，请你说一说，应该怎样做？

2．看谁总结的好：填制原始凭证容易出现哪些错误？

3．自己到商店或超市买东西，开一张发票，抬头写人名或学校。

4．如果你在填制凭证中做错了，给用户带来了不便或损失，老板扣你的工钱，你如何对待？

5．如果客户要求你开假发票，你该如何处理？

6．当老板拿着不符合会计要求的原始凭证来报账时，你应该如何做？

要求：以分组讨论的方式说说自己的观点和想法。

项目四 现金管理与实训

【知识目标】

1. 掌握库存现金限额的核定办法和核定程序；

2. 掌握库存现金管理办法的相关规定；

3. 掌握库存现金收入与支出的管理与核算程序。

【技能目标】

1. 会根据单位的业务需要正确管理与使用现金；

2. 会正确进行库存现金收入与支出的核算。

【情感态度与价值观】

1. 理会现金管理的基本内容和相关规定；

2. 学会现金收付业务的核算和现金的清查方法。

任务一 库存现金与管理

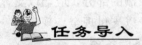

任务导入

【案例】 王明是一名刚刚毕业的会计专业中专生，毕业后在一家公司当出纳员。一日会计主管汪灿让王明去银行支取现金 3000 元。王明做了如下工作：①填开现金支票；②持现金支票到银行取款；③收到现金后马上回到公司；④将现金放在自己的抽屉里，便完成任务。

问：你认为王明提现金的工作步骤对吗？如果不对问题在哪？试着说一说提取现金应注意的事项。

任务引领

一、现金的概念

现金又称库存现金，是指由出纳员保管存放在企业保险柜的用于日常零星开支的库存现款。广义的现金是指除了库存现金外，还包括银行存款和其他符合现金定义的票证。本书中提到的现金仅指库存现金。

二、现金管理规定

出纳员身处管理现金和使用现金的"前沿阵地",负有直接的、重要的现金管理职责。因此,要切实执行好现金管理制度。按照国务院颁布的《现金管理暂行条例》正确进行现金收支的核算。

现金管理制度如下:

1. 现金使用范围

(1) 现金的收入范围

①交回借支差旅费余额、归还备用金等个人的交款;

②对个人或不能转账的单位的销售收入;

③不足结算起点的小额收款。

(2) 现金的支付范围

①职工工资、津贴;

②个人劳务报酬;

③根据国家规定颁发给个人的科学技术、文化艺术、体育等各种奖金;

④各种劳保、福利费用以及国家规定的对个人的其他支出;

⑤向个人收购农副产品和其他物资的价款;

⑥出差人员必须随身携带的差旅费;

⑦结算起点以下的零星支出;

⑧中国人民银行确定需要支付现金的其他支出。

除上述第⑤、⑥项外,企业支付给个人的款项,超过使用现金限额的部分,应当以支票或者银行本票支付;确需全额支付现金的,经开户银行审核后,予以支付现金。现时结算起点定为 1000 元。结算起点的调整,由中国人民银行确定并报国务院备案。

2. 库存现金限额管理

库存现金限额是指为了保证企业日常零星开支的需要,允许企业留存现金的最高限额。开户银行根据实际需要,核定企业 3~5 天的日常零星开支所需的库存现金限额。边远地区和交通不便地区的企业的库存现金限额,可以多于五天,但不得超过十五天的日常零星开支。需要增加或者减少库存现金限额的,应当向开户银行提出申请,由开户银行核定。经核定的库存现金限额,企业必须严格遵守。超过限额的部分出纳员必须及时送存银行,库存现金低于限额时,可以签发现金支票从银行提取现金补足限额。

3. 现金收支规定

根据《现金管理暂行条例》的规定,企业的现金收支应当依照下列规定办理:

(1) 企业的现金收入应于当日送存开户银行。当日送存确有困难的,由开户银行确定送存时间。

(2) 不准未经批准坐支现金。企业支付现金时,可以从本单位库存现金限额中支付或者从开户银行提取,不得从本单位的现金收入中直接支付。因特殊情况需要坐支现金的,应当事先报经开户银行审查批准,由开户银行核定坐支范围和限额。坐支单位应当定期向开户银行报送坐支金额和使用情况。

（3）不准谎报用途套取现金。企业从开户银行提取现金，应当在现金支票写明用途，由本单位财会部门负责人签章，经开户银行审核后，予以支付现金。

（4）因采购地点不固定，交通不便，生产或者市场急需，抢险救灾以及其他特殊情况必须使用现金的，开户单位应当向开户银行提出申请，由本单位财会部门负责人签字盖章，经开户银行审核后，予以支付现金。

（5）不准违法留存现金。各企业单位不准将单位收入的现金以个人名义存入银行，即不得"公款私存"；不准保留账外公款，即不得设"小金库"。

（6）不准用不符合财务制度的凭证顶替库存现金，即不得"白条"抵库。

三、现金、票据和印鉴的保管

（一）现金的保管

现金是流动性最强的资产，无须变现即可直接使用，现金是不法分子谋取的最直接目标。因此企业应根据《现金管理暂行条例》建立健全的现金保管制度，防止由于制度不严、工作疏忽而给企业单位造成损失。主要包括以下几点：

（1）超过库存限额的现金应在下班前送存银行。

（2）库存现金，包括纸币和铸币，应实行分类保管。出纳员对库存票币分别按照纸币的票面金额和铸币的币面金额，以及整数和零数分类保管。

（3）除工作时间需要的小量备用金可放在出纳员的抽屉内外，限额内的库存现金当日核对清楚后，一律放在出纳专用的保险柜内，不得随意存放。

（4）每天下班前要进行现金盘点，并与现金日记账核对。根据企业需要编制现金日报表。

（5）库存现金低于限额时，出纳员可以当天签发现金支票从银行提取现金补足限额。

（6）企业的库存现金不准以个人名义存入银行，防止有关人员利用公款私存取得利息收入。

（7）出纳员不得将库存现金出借给没有办理手续或没经主管人员批准的个人。

（二）票据的保管

1. 银行结算票据的保管

企业的空白支票和收到的银行结算票据一般由出纳员保管，出纳员应将空白支票和收到外单位的支票、银行汇票、银行本票、商业汇票等银行结算票据存放在出纳专用的保险柜内。企业应建立票、印分管制度。出纳员应及时办理到期票据。对于票据的具体管理规定，见本书第4章国内票据结算实务。

2. 企业空白内部单据的保管

企业内部单据的保管包括空白收据和空白支付证明单等。出纳员应将企业空白内部单据存放在出纳专用的保险柜内。如空白收据一经填制，并加盖印章后，就可成为办理结算的书面证明，因此出纳人员应按规定保管和使用。出纳人员在使用企业内部单据时应注意以下几点：

（1）不得将企业空白内部单据带出本单位使用。

（2）不得转借、赠送和买卖企业空白内部单据。

（3）不得弄虚作假、开具实物与票面不相符的单据，不得开具存根联与其他联次不符的单据。

（4）作废的单据要加盖"作废"戳记，各联次要连同存根一起保管，不得撕毁、丢失。

（5）出纳员再次领用单据时，须将已用完的单据存根交还保管人员核销，留待以后备查。

（三）印章的保管

与出纳工作有关的印章主要包括：支票印鉴、收款专用章等。支票印鉴一般由会计人员或指定人员专人保管。根据内部会计控制制度规定，支票印鉴应至少由两人以上保管。规定由出纳员保管的印章应存放在出纳专用的保险柜内，不得随意存放或将印章带出本单位使用。

四、现金收支业务流程

（一）现金收入处理程序

1. 出纳部门直接收款的程序

直接收款是指交款人直接持现金到出纳部门交款，出纳人员根据有关收款凭据办理收款事宜。处理程序如图 1 所示：

（1）受理收款业务，查看收款原始凭证即收款凭据是否齐备。

（2）审核现金来源是否合理合法。

（3）当面清点和检查现金真伪，做到收付两清。

（4）开具收款原始凭证如收据、发票，并在收款原始凭证上加盖"现金收讫"戳记。

（5）根据收款原始凭证记账联等，编制记账凭证。

（6）根据审核无误的记账凭证登记现金日记账。

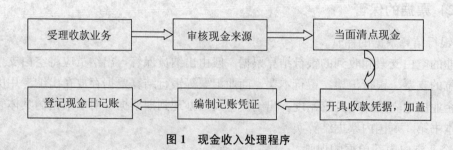

图1　现金收入处理程序

2. 从银行提取现金的程序

当单位需要现金时，可以按照有关规定到开户银行提取现金。取款的程序如图 2 所示：

（1）填写现金支票，交印鉴管理员加盖预留银行印鉴。

（2）向开户银行提交现金支票。

（3）收取现金后，根据取款数额当场清点、确认无误后才能离开柜台。

（4）取回现金后及时存入出纳专用保险柜。

（5）根据现金支票存根编制记账凭证。

（6）根据审核无误的记账凭证登记现金日记账。

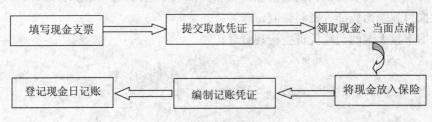

图 2　取款处理程序

3. 收款员、营业员收款后直接交给出纳人员的程序

在零售商店、门市部和旅游饮食服务单位，由于收款业务比较频繁，一般都采取由营业员分散收款或由收款员集中收款后，每日定时向出纳缴款。其现金收入的程序如图 3 所示：

（1）受理收款业务原始凭证，查看收款原始凭证是否齐备。

（2）根据收款原始凭证确定收款金额。

（3）根据收款金额收取现金，当面清点和检查现金真伪。

（4）开具收款原始凭证（收款收据），并在收款收据上加盖"收款专用章"。

（5）根据收款收据编制记账凭证。

（6）根据审核无误的记账凭证登记日记账。

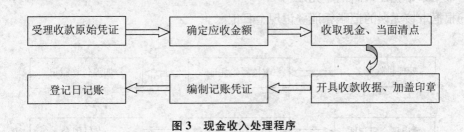

图 3　现金收入处理程序

（二）现金支出处理程序

直接支付现金的处理程序如下：

（1）主动支付现金的处理程序

主动支付，是指出纳部门主动将现金付给收款单位和个人，如发放工资、奖金、薪金、津贴以及福利等现金支出。主动支出现金的程序如图4所示：

①根据有关的资料编制付款原始凭证，如工资结算表，计算出付款金额。如库存现金不足即从银行提取。

②根据付款金额清点现金，按单位或个人分装好。

③支付现金，要求收款人当面清点并签收（如果是他人代为收款的，由代收人签收）。

④根据付款原始凭证等资料编制记账凭证。

⑤根据审核无误的记账凭证登记现金日记账。

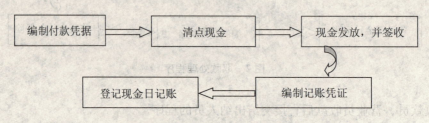

图4 直接支付现金处理程序

（2）被动支付现金的处理程序

被动支付，是指收款单位或个人持有关凭据如报销单据、借据等到出纳部门领报现金。被动支付现金的程序如图5所示：

①受理付款业务，查看付款原始凭证即付款凭据是否齐备。

②审核原始凭证，查看原始凭证内容是否完整，手续是否完备。

③在审核无误的付款原始凭证上加盖"现金付讫"戳记。

④支付已进行复点的现金，并要求收款人当面清点。

⑤根据原始凭证编制记账凭证。

⑥根据审核无误的记账凭证登记现金日记账。

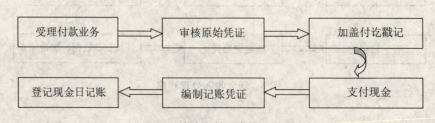

图5 被动支付现金处理程序

（3）向银行送存现金的程序

①整理送存银行的现金。

②填写现金解款单（送款单）。

③向银行送交已整理好的现金和"现金解款单"。

④根据"现金解款单"（回单联）填制编制记账凭证。

⑤根据审核无误的记账凭证登记现金日记账。

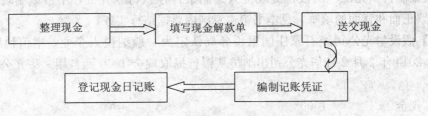

图 6 向银行送存现金处理程序

值得注意的是：目前在实际工作中已有相当多的企业是由会计编制记账凭证，出纳员根据审核无误，手续完备的原始凭证直接登记现金日记账。这些企业在现金收支业务流程上有所改变。故此，出纳员对收款凭证和付款凭证的复核就显得尤为重要。

任务二　现金的基本业务核算

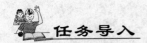

【案例】3 月 16 日本企业职工李红预借 8000 元现金，出差备用。3 月 20 日，王经理外出开会回来，向财务科报销往返机票 3180 元，出租车费 320 元，会务费 2800 元。财务科支付给王经理等额的现金。

问：作为一名出纳该如何进行上面的核算？

一、账户设置

为了核算现金的增减变动及结余情况，企业应设置"现金"账户。该账户属于资产类，借方登记现金的增加额；贷方登记现金的减少额；期末余额在借方反映企业现金的结存数。

在实行定额备用金制度的企业，企业各部门或人员领取的内部周转使用的备用金应设置"其他应收款"账户进行核算。

二、现金收入业务核算

（一）提取现金

出纳员签发现金支票提取现金，交印鉴保管员加盖印鉴后到银行取款。企业直接根据支票存根编制付款凭证。从银行提现金只编制银行存款付款凭证，不再编制现金收款凭证。（支票正面和背面的填写，见本书第 4 章国内票据结算实务）

【例】假设华光公司经石家庄国家税务局认定为一般纳税人企业，增值税率为 17％（下同）。2014 年 2 月 2 日华光公司出纳员从银行提取现金 1000 元备用。华光公司账务处理如下：

借：现金　　　　　1000
　　贷：银行存款　　　1000
附件 1 张

表 1

转账支票存根

中国工商银行

现金支票存根

00000000

00000000

附加信息：

出票日期	2014年2月2日
收款人：华光公司	
火光	
金　额：1000元	
用　途：提取备用金	
单位主管　　会计	

（二）企业取得不能转账单位的销售收入

出纳员收取现金并清点，清点无误后开具发票，出纳员在发票上加盖"现金收讫"戳记，将发票联交购货单位，企业根据发票记账联编制收款凭证。

【例】2014 年 2 月 5 日华光公司销售甲产品给高乐百货店，取得现金收入 234 元。华光公司账务处理如下：

借：现金　　　　　　　　　　　　234
　　贷：主营业务收入　　　　　　　200

应交税金——应交增值税（销项税额）　　　34

附件1张（如表2所示）

表2

河北省增值税普通发票

3300133620

发 票 联

N o 00946896

开票日期：2014年2月5日

购货单位	名　　　称：高乐百货店 纳税人识别号： 地　址、电　话： 开户行及账号：					密码区	（略）		
货物或应税劳务名称	规格型号	单位	数量	单价	金额		税率	税额	
甲产品		件	50	4	200		17%	34	
价税合计（大写）	人民币贰佰叁拾肆元整					￥234			
销售单位	名　　　称：华光公司 纳税人识别号：2389777797766879 地　址、电　话：石家庄市光华路23号 开户行及账号：					备注			

第三联：发票联 购货方记账凭证

收款人：　　　　　复核：　　　　　开票人：　　　　　销货单位：（章）

（三）报销差旅费、交回借支差旅费剩余款

出纳员指导出差人员填写"差旅费报销单"及粘贴相关原始凭证，由于出差报销的单据往往较多，应将报销单据"阶梯式"粘贴在"单据（报销）粘贴"上。粘贴的单据不要越出粘单和装订线。然后将"差旅费报销单"贴在已粘好报销单据的粘单上。

出差人员的报销单经审核人员和单位领导审核鉴名后，出纳员对填写的"差旅费报销单"和原始凭证进行复核，确定无误后收回剩余款。出纳员开具收据并加盖收款专用章，将收据第二联交付款人。

企业根据"差旅费报销单"及其原始凭证编制转账凭证，根据收据第三联编制收款凭证。采用通用记账凭证的企业可以编制两张记账凭证也可只编制一张记账凭证。

【例】2014年2月8日华光公司业务员肖力出差归来报销差旅费3000元，收回余款200元。华光公司账务处理如下：

借：管理费用　　　　　　　　　　　　　　　　　　　　　　　　　2800

　　现金　　　　　　　　　　　　　　　　　　　　　　　　　　　　200

　　贷：其他应收款——肖力　　　　　　　　　　　　　　　　　　3000

附件2张（其他差旅费原始凭证略，如表3、表4所示）

表3   差旅费报销单

报销日期　2014 年 2 月 8 日

部门	业务部	出差人	肖力		事由	拓展业务				
出差日期	起止地点	飞机	火车	汽车	市内交通费	住宿费	住勤费	电话费	合计	单据
2.4	石家庄—上海	670			80	2000		50		
合　计										
报销金额	人民币（大写）贰仟捌佰元整							¥2800.00		
原借款	3000.00	报销额		2800.00		应退还		200.00	应找补	
财会审核意见		审批人意见								

主管　　　　　　会计　　　　　　　　　出纳　　　　　　　报销人

表4   河北省统一收款收据

涉税举报电话   收 据 联
2366   地税
本发票限于 2013 年 12 月 31 日前填开使用有效   收据代码：2440899654
开票日期：2014 年 2 月 8 日   收据号码：00951888

缴款单位或个人	肖力			
款项内容	差旅费多余款	收款方式	现金	
人民币（大写）	贰佰元整		¥：200.00	
收款单位盖章		收款人盖章	备注	本收据不得用于经营款项收入

第三联

收据联

（四）收到不足结算起点的小额收款

　　出纳人员收到现金清点无误后，开具收据并加盖收款专用章，将收据第二联交付款人，企业根据收据第三联编制收款凭证。

　　【例】2014 年 2 月 10 日收到红日公司交来包装物押金 200 元。华光公司账务处理如下：

　　借：现金　　　　　　　　　　　　　　　　200
　　　　贷：其他应付款——红日公司　　　　　　200
　　附件 1 张（如表 5 所示）

表 5　　　　　　　　　河北省统一收款收据

涉税举报电话　　　　　　　　　收　据　联

12366　　　　　　　　　　　　　　　　　　　　　地税

本发票限于 2013 年 12 月 31 日前填开使用有效　　收据代码：2440899654

开票日期：2014 年 2 月 10 日　　　　　　　　　收据号码：00951888

缴款单位或个人	红日公司			
款项内容	包装物押金		收款方式	现金
人民币 （大写）	贰佰元整			￥：200.00
收款 单位 盖章		收款人 盖　章		备注 本收据不得用于经营款项收入

第三联

收据联

三、现金支出业务核算

（一）将现金送存银行

出纳人员应先整理现金，根据整理金额填写现金送款单，将现金和现金送款单送交银行办理存款，银行清点无误后将加盖印章的现金送款单"回单"退回。企业根据"回单"编制付款凭证。（将现金送存银行只编制现金付款凭证，不再编制银行存款收款凭证）

【例】2014 年 2 月 12 日，出纳人员将超过现金使用限额的 3000 元送存银行。华光公司账务处理如下：

借：银行存款　　　　　3000

　贷：现金　　　　　　　3000

附件 1 张（如表 6 所示）

表6　　　　　　　　　　　中国银行　现金送款单（第一联回单）

2014 年 2 月 12 日

存款单位	全称	光华公司	开户银行		工行深州建设分理处							
	账号	06 - 754332901	款项来源		库存备用金							
人民币（大写）	叁仟元整				万	千	百	十	元	角	分	
					¥	3	0	0	0	0	0	
票面	张数	万	千	百	十	元	角	分	票面	张数	百	十	元	角	分	本存款单金额银行全部收讫

票面	张数	万	千	百	十	元	角	分	票面	张数	百	十	元	角	分	
壹百元	20		2	0	0	0	0	0	伍角							本存款单金额银行全部收讫
伍拾元	10			5	0	0	0	0	贰角							
拾元	50			5	0	0	0	0	壹角							
伍元									伍分							（收款银行盖章）
贰元									贰分							收款员　　复核员
壹元									壹分							

（二）出差人员借支差旅费

出纳员对出差人员填制并经主管人员审批签名的借款单进行检查，查看借款单填制内容是否完整，审批手续是否完备。确定无误后将现金交给出差人员企业根据借款单编制付款凭证。

【例】2014 年 2 月 15 日职工张乐出差借款 1000 元。华光公司账务处理如下：

借：其他应收款——张乐　　　　1000

　　贷：现金　　　　　　　　　　1000

附件 1 张（如表 7 所示）

表7　　　　　　　　　　　　　　　借款借据

借款日期：2014 年 2 月 15 日

借款部门	销售部	借款理由	预借差旅费
借款金额（大写）壹仟元整			¥1000.00
部门领导意见：		借款人签章：张乐	
备注：			

（三）报销差旅费、支付预借差旅费不足款

出纳员指导出差人员填写"差旅费报销单"及粘贴相关原始凭证（粘贴单据方法同前述），出差人员的报销单经审核人员和单位领导审核签名后，出纳人员对填写的"差旅费报销单"和原始凭证进行复核，确定无误后支付余款。

企业根据"差旅费报销单"及其原始凭证编制转账凭证，根据"支付证明单"编制付款凭证。采用通用记账凭证的企业可以编制两张记账凭证也可只编制一张记账凭证。

【例】2014年2月17日张乐出差归来报销差旅费1100元，不足部分以现金付讫。华光公司账务处理如下：

借：管理费用　　　　　　　1100
　贷：其他应收款——张乐　　1000
　　　现金　　　　　　　　　100

附件2张（其他差旅费原始凭证略，如表8、表9所示）

表8　　　　　　　　　　　　　　　　差旅费报销单

报销日期　2014年2月17日

部门	销售部	出差人	张乐		事由	洽谈业务					
出差日期	起止地点	飞机	火车	汽车	市内交通费	住宿费	住勤费	电话费	合计	单据	
2月4	石家庄—北京		256		144	450	150				
合　计											
报销金额	人民币（大写）壹仟壹佰元整								￥1100.00		
原借款	1000.00		报销额	1100.00	应退还				应找补	100.00	
财会审核意见			审批人意见								

主管　　　　　　会计　　　　　　　　出纳　　　　　　　报销人

表9   领 款 单

领款人	张乐	单位：华光公司
领款金额（大写）	壹佰元整	￥100.00
用途：	报销差旅费	
审批	部门意见	领款人（盖 章） 2014 年 2 月 17 日

（四）发放工资等

出纳员编制"工资结算表"，确定发放金额，清点现金（金额不足从银行提现金），根据企业职工工资金额分装好，然后发放工资，要求职工签收（签名或盖章）。企业根据"工资结算表"编制付款凭证。

【例】2014 年 2 月 20 日，用现金 30898 元发放本月工资。华光公司账务处理如下：

借：应付工资　　　　　30898

　　贷：现金　　　　　　　30898

目前，不少企业不再采用现金发放工资、奖金等，通过委托银行从企业基本账户直接划转工资、奖金等到各职工的个人账户。避免了每月提现金时的不安全，以及清点、分装、发放等工作过程。大大减少了出纳员的工作量。

（五）购买办公用品等

出纳员指导购买人员填写报销单，并将报销单粘贴在购买商品取得的发票上，报销单经审核人员和单位领导审核鉴名后，出纳员对填写的报销单及原始凭证复核无误后支付现金。企业根据审核无误的报销单及其附件编制付款凭证。

【例】2014 年 2 月 21 日办公室李杰报销办公用品费 140 元。华光公司账务处理如下：

借：管理费用　　　140

　　贷：现金　　　　　140

附件 2 张（如表 10、表 11 所示）

表 10　　　　　　　　　　　　**（办公）费用报销单**

2014 年 2 月 21 日

报 销 部 门	办公室		附件张数	2
报销金额 人民币（大写）	壹佰肆拾元整			￥140.00
款项内容	报销办公用品费			
审 批 意 见			报 销 人	李杰

原始凭证附后

表 11　　　　　　　　　　　　**河北省增值税普通发票**

3300133620　　　　　　　　　　发 票 联　　　　　　　　　　No.00946896

开票日期：2014 年 2 月 21 日

购货单位	名　　　称：河北晨光办公用品公司 纳税人识别号：2303－34 地址、电话：和平西路 203 号 开户行及账号：机场路支行				密码区	（略）		
货物或应税劳务名称	规格型号	单位	数量	单价	金额	税率	税额	
打印纸	A4	包	1	140	140			
价税合计（大写）	壹佰肆拾元整				￥140.00			
销售单位	名　　　称： 纳税人识别号： 地址、电话： 开户行及账号：				备注			

国税函〔2013〕102号海南华森实业公司

第二联：发票联　购货方记账凭证

收款人：　　　　　复核：　　　　　开票人：　　　　　销货单位（章）：

　　在实际工作中，由于报销原始单据只有一张，不少企业直接在发票背面由经手人、审核及主管人员签名，不再填写报销单。如上例发票背面的签章如下：

经手人：李杰
验收人：王文
主　管：刘刚

任务三　现金序时核算及清查

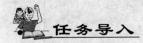

为了全面、连续、序时、逐笔地反映和监督现金的收入、支出和结存情况，防止现金收支差错及舞弊行为的发生，企业应设置"现金日记账"，进行序时核算。对于有库存外币现金的企业，应区分各种外币分别设置"现金日记账"。

"现金日记账"由会计部门的出纳人员根据审核无误的现金收、付款凭证和从银行提取现金时填制的银行存付款凭证，按照业务发生的先后顺序，逐日逐笔地登记。每日终了，应计算出当日现金收入合计数、现金支出合计数和结余数，并与库存现金的实际数进行核对，做到账实相符。月份终了，还应将"现金日记账"的余额与"库存现金"总账的余额进行核对；如果不符，应及时查明原因，以明确责任。企业应严禁以"白条"抵充现金。

一、日记账的设置和启用

现金日记账的设置

为了详细反映现金收支及结存情况，企业应设置"现金日记账"进行序时记录。手工记账单位的现金日记账必须采用订本式账簿，一般使用设有"借方（或收入）"、"贷方（或支出）"、"余额（结余）"三栏式账页。

为了清楚地表明账户之间的对应关系，了解现金的增减变化，现金日记账还可以采用多栏式账页，如在"借方"、"贷方"栏下，按对应会计科目设立专栏。

二、现金日记账的登记方法

现金日记账的登记工作由出纳人员负责。登记现金日记账时，出纳人员应根据审核无误的有关现金收款凭证、付款凭证或提取现金的银行存款付款凭证，逐项填写"日期"、"凭证编号"、"摘要"、"金额"各栏。在实际工作中，如果企业是由会计编制记账凭证的情况下，出纳人员应根据复核无误、手续完备的原始凭证直接登记现金日记账。

现金日记账要按经济业务发生的顺序逐日逐笔连续登记。现金日记账应逐日计算现金收入合计数、现金支出合计数和结余数。并将结余数与实际库存数核对，做到账款相符。现金日记账定期与现金总账核对，做到账账相符。

三、现金的清查

为了加强现金管理，保证账实相符，防止发生差错、丢失及贪污盗窃、侵占挪用，应对库存现金进行清查。现金清查是指对库存现金的盘点与核对，包括出纳人员每日终了清点现金和清查小组进行的定期或不定期的盘点核对。

(一) 现金清查方法

现金清查一般采用实地盘点法。清查前先将所有凭证入账并结出"现金日记账"余额，将余额数填列在现金盘点报告表。然后实地清点库存现金并将现金实有数填在现金盘点报告表。如发现账实不符，应立即查明原因，在报告表中列明并进行处理。

清查小组清查时，出纳人员必须在场，清查的内容主要是检查是否有挪用现金、"白条"抵库、超限额留存现金以及账实是否相符等。

(二) 现金长短款账务处理

现金清查中发现有待查明原因的长款（也称现金溢余）或短款（也称现金短缺）应通过"待处理财产损溢"账户进行核算。"待处理财产损溢"属于资产类账户，核算企业在清查财产过程中查明的各种财产盘盈、盘亏和毁损的价值，该账户设置"待处理固定资产损溢"和"待处理流动资产损溢"两个明细账。在现金清查中，"待处理财产损溢——待处理流动资产损溢"借方登记现金短款以及处理转出的现金长款，贷方登记现金长款以及处理转出的现金短款；期末处理后本账户应无余额。发生现金长短款应在期末之前查明原因，并根据有关部门批准后作出处理。

现金长款在查明原因后，属于应支付给有关人员或单位的，转入"其他应付款"；若属于无法查明原因的，经批准后转入"营业外收入——现金溢余"。

现金短款在查明原因后，属于由责任人或保险公司赔偿的部分，转入"其他应收款"；属于无法查明原因的，经批准后转入"管理费用"。

1. 现金长款账务处理

【例】在 2014 年 2 月 20 日的现金清查中，发现库存现金多于账面余额 120 元。华光公司账务处理如下：

借：现金　　　　　　　　　　　　　　　　　　　　120
　　贷：待处理财产损溢——待处理流动资产损溢　　　120
附件 1 张（如表 12 所示）

表 12   现金盘点表

单位名称：华光有限公司   2014 年 2 月 20 日

实存金额	账存金额	对比结果		备注
		盘盈	盘亏	
3579.00	3699.00		120.00	无法查明原因
处理决定：上述现金盘亏无法查明原因，经批准按规定处理。 财务经理：田光阳				

会计机构负责人：周云   盘点人：王庆   出纳：刘英

【例】2014 年 2 月 26 日现金长款经核查无法查明原因，经批准按规定处理。华光公司账务处理如下：

借：待处理财产损溢——待处理流动资产损溢   120

贷：营业外收入——现金溢余   120

附件（"会议纪要"另存）

2. 现金短款账务处理

【例】2014 年 3 月 6 日在清查时发现库存现金少于账面余额 60 元。华光公司账务处理如下：

借：待处理财产损溢——待处理流动资产损溢   60

贷：现金   60

附件 1 张（如表 13 所示）

表 13   现金盘点表

单位名称：华光有限公司   2014 年 2 月 26 日

实存金额	账存金额	对比结果		备注
		盘盈	盘亏	
3579.00	3699.00		120.00	出纳人员差错少收款
处理决定：上述现金盘亏是出纳人员差错少收款造成，由出纳人员赔偿。 财务经理：田光阳				

会计机构负责人：周云   盘点人：王庆   出纳：刘英

【例】2014 年 3 月 10 日经核查 6 日的现金短款属于出纳员的责任，应由其赔偿。华光公司账务处理如下：

借：其他应收款——黄静   60

贷：待处理财产损溢——待处理流动资产损溢   60

附件（"会议纪要"另存）

【例】2014 年 3 月 11 日出纳员黄静交回赔款。华光公司账务处理如下：

借：现金   60

贷：其他应收款——黄静   60

附件 1 张（如表 14 所示）

表 14　　　　　　　　　　　　**华光公司收款收据**

第三联：记账联　　　　　　　2014 年 3 月 11 日　　　　　　　N̠o3258467

交款单位或交款人	黄静	收款方式	现金	
事由　赔偿款 人民币（大写）陆拾元整　　　¥60.00			备注：	收费收据使用

收款单位（盖章）：华光公司　　　　　　　　　收款人（签章）：王佳

 任务思考与练习

一、单项选择题

(1) 下列说法正确的是（　　）。

    A. 企业现金收入应于当月送存开户银行

    B. 企业可以在本单位的现金收入中直接支付

    C. 企业收入现金可以存入个人账户

    D. 超过库存限额的现金应在下班前送存银行

(2) 下列各项中，根据《现金管理暂行条例》规定，不能用现金结算的是（　　）。

    A. 职工工资和津贴

    B. 交回借支差旅费余额

    C. 结算起点以上的零星支出

    D. 向个人收购农副产品和其他物资的价款

(3) 现金日记账的账页格式有（　　）。

    A. 多栏式　　　　B. 三栏式　　　　　C. 数量金额式　　　　　D. 横线登记式

(4) 现金短款在查明原因后，属于由责任人或保险公司赔偿的部分，应转入（　　）。

    A. 其他应付款　　　　　　　　　B. 其他应收款

    C. 应收账款　　　　　　　　　　D. 预收账款

二、多项选择题

(1) 下列属于现金收款业务原始凭证的有（　　）。

    A. 增值税专用发票　　　　　　　B. 普通发票

    C. 收据　　　　　　　　　　　　D. 借款单

(2) 下列属于现金付款业务原始凭证的有 （　　）。

    A. 医药费收据   B. 差旅费报销单

    C. 现金送款单   D. 现金支票存根

(3) 根据《现金管理条例》的有关规定，下列业务可使用现金结算的是 （　　）。

    A. 各种劳保、福利费用   B. 职工工资、津贴

    C. 个人劳务报酬   D. 出差人员必须随身携带的差旅费

(4) 下列关于现金清查说法正确的是 （　　）。

    A. 现金清查一般采用实地盘点法

    B. "待处理财产损益"属于权益类账户

    C. 在现金长、短款未查明原因前，会计人员不做任何会计处理

    D. 在现金短款查明原因后，属于责任人或保险公司赔偿的部分，转入"其他应收款"

(5) 下列关于印章的保管说法正确的有 （　　）。

    A. 支票和印鉴可以由同一个人保管

    B. 负责保管印鉴的人员不得带出工作单位使用

    C. 如需更换印鉴，只要本单位同意即可

    D. 支票印鉴至少由两人保管

(6) 下列说法正确的是 （　　）。

    A. 不准未经批准坐支现金   B. 不准谎报用途套取现金

    C. 不准违法留存现金   D. 单位之间可以借用现金

三、实务题

北京中艺公司为一般纳税人企业，2006 年 3 月发生经济业务如下：

(1) 3 月 6 日以现金支付办公用品费 326 元。

(2) 3 月 10 日从银行提取现金 1500 元以备零星开支。

(3) 3 月 10 日司机报销汽油费、路桥费 526 元，以现金付讫。

(4) 3 月 12 日出售产品，收到现金 1170 元（其中增值税额 170 元）。

(5) 3 月 15 日盘点库存现金发现长款 100 元。

(6) 3 月 16 日经理刘山借支差旅费 2000 元，差旅费以现金付讫。

(7) 3 月 19 日现金长款经核查无法查明原因，经批准按规定处理。

(8) 3 月 20 日经理刘山出差归来报销差旅费 2530 元，不足部分以现金补足。

(9) 3 月 25 日收到甲单位预付货款 200 元，预付款以现金收讫。

(10) 3 月 26 日以现金支付医务室购买药品费用 580 元。

要求：根据上述业务编制会计分录。

四、实践题

（1）某日，出纳员余丽临近下班前，收到销售部交来现金 5000 元。正巧余丽急着下班办事，就将 5000 元放在办公桌的抽屉内。余丽的做法对吗？

（2）你和 A 公司王宇是好朋友，王宇来借收据，你应该怎么做？

（3）A 公司出纳员刘明和业务部张强是好朋友，一日张强急需用钱向刘明借 5000 元，但刘明自己没有，于是刘明就从公司库存现金拿了 5000 元借给张强。你对这件事有何看法？

（4）会计主管把空白支票和印鉴都交由你保管，你应该怎么做？

任务四　库存现金实训

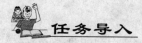

任务导入

经过一系列的核算方法的学习，下面让我们自己动手试试吧。

1. 会计主体概况

企业名称：宏运服装公司

住　　所：石家庄市和平东路 168 号

电　　话：0311－83612857

企业类型：制造业

经营范围：服装加工、销售

纳税人登记号：220308068339666

开户银行：中国银行石家庄桥西支行　账号 6669898555

2. 实训印章

（1）预留银行印鉴

表 15　　　　　　　　　　中国工商银行印鉴卡　　　　　　　No. 0312597

账　号	6669898555	户　　　名	宏运服装公司
地　址	石家庄市和平东路168号	联系电话	836312857
预留印鉴式样	（公章：宏运服装公司财务）　　赵　材	使用说明	
		启用日期 2006 年 1 月 1 日	
		注销日期　　年　月　日	

账户专管员：王关　　　　　　　　　　　　　　　　　　　　网点主任：黄静

（2）发票专用章

图 7　发票专用章

3. 实训目标

（1）学会现金收付业务的会计处理。

（2）熟练登记现金日记账。

4. 实训要求

（1）宏运服装公司经石家庄市国家税务局认定为一般纳税人企业，增值税率 17％。

（2）根据发生的经济业务分析、填制并处理原始凭证，其中票据要根据《支付结算办法》的要求填写。

（3）根据原始凭证编制记账凭证。

（4）规范装订记账凭证。

（5）根据经济业务发生的顺序逐笔登记现金日记账，每日结出余额。

（6）准备 3 个信封分别代表企业留存、客户、银行，然后将填写好的原始凭证（非记账凭证附件）正确分放。

5. 实训资料

以下为宏运服装公司在 2014 年 3 月发生的经济业务。

（1）1 日采购员王亮借支差旅费 2000 元，现金付讫。

表 16　　　　　　　　　　　　　**借款借据**

借款日期：2014 年 3 月 1 日

借款部门	采购部门	借款理由	出差
借款金额（大写）贰仟元整			￥2000.00
部门领导意见：		借款人签章：王亮	
备注：			

借款记账联

（2）2 日从银行提取现金 2500 元备用。

表 17   中国工商银行现金支票正面

中国工商银行 现金支票存根 00000000 00000000	⊙ 中国工商银行　　**现金支票**　　00000000　00000000
附加信息 出票日期 2014年3月2日	出票日期(大写)贰零壹肆年叁月零贰日　付款行名称:中国银行石家庄桥西支行 收款人:宏运服装公司　　　　　　　　出票人账号:6669898555

付款期限自出票之日起十天

	千	百	十	万	千	百	十	元	角	分
人民币 (大写) 贰仟伍佰元整					¥	2	5	0	0	0	0

收款人:宏运服装公司	用途:　备用金　　　　　密码_____
金　额:￥2500.00	上列款项请从 我账户内支付
用　途:备用金	出票人签章　　　　　复核　　　记账
单位主管:王胜　会计:张明	

表 18   中国工商银行现金支票背面

附加信息:		（贴粘单处）	根据《中华人民共和国票据法》等法律法规的规定,签发空头支票由中国人民银行处以票面金额5%但不低于1000元的罚款。
	收款人签章 年　月　日		
	身份证件名称:　　发证机关:		
	号 ⬚⬚⬚⬚⬚⬚⬚⬚⬚⬚⬚ 码 ⬚⬚⬚⬚⬚⬚⬚⬚⬚⬚⬚		

（3）5 日支付职工住院慰问金 100 元。

表 19

报 销 单

2014 年 3 月 5 日

报 销 部 门		工会	附 件 张 数	
报销金额	人民币（大写）	壹佰元整	¥100.00	
	款项内容	职工住院慰问金		
	审 批 意 见		报 销 人	李丁

原始凭证附后

（4）8 日业务科刘红报销业务招待费 800 元。

表 20

报 销 单

2014 年 3 月 8 日

报 销 部 门		业务科	附 件 张 数	
报销金额	人民币（大写）	捌佰元整	¥800.00	
	款项内容	业务招待费		
	审 批 意 见		报 销 人	刘红

原始凭证附后

表 21

石家庄市服务业专用发票

开票日期：2014 年 3 月 7 日

付款单位（个人）：石家庄宏运服装有限公司

河北省地税局
监制章

发票代号：32017008

发票号码：34354434

行业类别：服务业	机打票号：2601280012800998	密码区
查询码：3434582787979	防伪码：238758787866878686	
项目	金额	
餐饮	800.00	
合计（大写）：捌佰元整		
备注：		

收款单位税号：23545561

收款单位：（盖章有效）

开票人：姚倩

（手工填开无效）

（5）10 日销售 50 件童装给华阳百货店收到现金 585 元。童装每件单价 10 元（不含税价）。

提示：①华阳百货店纳税人登记号：130105601004744

②地址、电话：和平西路 628 号　87720257

③开户银行：中国银行机场路支行　账号 9708091001

表 22　　　　　　　　　　　**商品出库单**

购货单位：华阳百货有限公司　　　2014 年 3 月 10 日　　　　　销字第 006 号

商品名称及规格	单位	数量
童装	件	50
合　计		500

第二联　会计记账

（6）10 日将销售童装收到的 585 元现金送存银行。（其中：百元面额 5 张，五十元面额 1 张，十元面额 3 张，五元面额 1 张）

表 23　　　　　　　　　（工）**中国工商银行现金缴款单**

2014 年 3 月 10 日　　　　　　序号

客户填写部分	收款人户名	宏运服装公司										
	收款人账号	6669898555		收款人开户行	石家庄市和平东路支行							
	缴款人	刘红		款项来源	销售款							
	币种	人民币：	大写：　伍佰捌拾伍元整		十万	千	百	十	元	角	分	
		外币				￥	5	8	5	0	0	
	券别	100 元	50 元	20 元	10 元	5 元	1 元			辅币（金额）		
	张数	5	1		3	1						
银行填写部分	日期：　　　　日志号：　　　　交易码：　　　　币种：											
	金额：　　　　终端号：　　　　主　管：　　　　柜员：											

表 24　　　　　　　　　<u>河北省增值税普通发票</u>

3300133620　　　　　　　　　发票联　　　　　　　　　Ｎ о 00946896

开票日期：2014 年 3 月 10 日

<table>
<tr><td rowspan="2">购货单位</td><td>名　　　称：华阳百货店</td><td rowspan="3">密码区</td><td colspan="3">（略）</td></tr>
<tr><td>纳税人识别号：</td></tr>
<tr><td>地址、电话：
开户行及账号：</td></tr>
<tr><td>货物或应税劳务名称</td><td>规格型号</td><td>单位</td><td>数量</td><td>单价</td><td>金额</td><td>税率</td><td>税额</td></tr>
<tr><td>童装</td><td></td><td></td><td></td><td></td><td>500.00</td><td>17%</td><td>85.00</td></tr>
<tr><td>合计</td><td></td><td></td><td>50</td><td>10.00</td><td>￥500.00</td><td></td><td>￥85.00</td></tr>
<tr><td>价税合计（大写）</td><td colspan="4">人民币伍佰捌拾伍元整</td><td colspan="2">（小写）￥585.00</td><td></td></tr>
<tr><td rowspan="3">销售单位</td><td>名　　　称：宏运服装公司</td><td rowspan="3">备注</td><td colspan="3"></td></tr>
<tr><td>纳税人识别号：220308068339666</td></tr>
<tr><td>地址、电话：石家庄市和平东路 168 号、0311－86312857
开户行及账号：中国银行石家庄桥西支行 6669898555</td></tr>
</table>

国税函〔2013〕102号海南华森实业公司

第二联：发票联　购货方记账凭证

收款人：　　　　　复核：　　　　　开票人：　　　　　销货单位（章）：

（7）15 日采购员王亮出差归来报销差旅费，余款交回。

表 25　　　　　　　　　**差旅费报销单**

报销日期　2014 年 3 月 15 日

<table>
<tr><td>部门</td><td>采购部</td><td>出差人</td><td colspan="2">王亮</td><td>事由</td><td colspan="5">采购</td></tr>
<tr><td>出差日期</td><td>起止地点</td><td>飞机</td><td>火车</td><td>汽车</td><td>市内交通费</td><td>住宿费</td><td>住勤费</td><td>餐饮费</td><td>合计</td><td>单据</td></tr>
<tr><td>3.7－3.10</td><td>重庆—石家庄</td><td></td><td>730</td><td></td><td></td><td>800</td><td></td><td>370</td><td></td><td></td></tr>
<tr><td></td><td></td><td></td><td></td><td></td><td></td><td></td><td></td><td></td><td></td><td></td></tr>
<tr><td></td><td></td><td></td><td></td><td></td><td></td><td></td><td></td><td></td><td></td><td></td></tr>
<tr><td colspan="2">合　计</td><td></td><td>730</td><td></td><td></td><td>800</td><td></td><td>370</td><td>1900.00</td><td></td></tr>
<tr><td>报销金额</td><td colspan="5">人民币（大写）壹仟玖佰元整</td><td colspan="5">￥1900.00</td></tr>
<tr><td>原借款</td><td>2000.00</td><td>报销额</td><td colspan="2">1900.00</td><td>应退还</td><td colspan="2">100.00</td><td colspan="3">应找补</td></tr>
<tr><td>财会审核意见</td><td></td><td>审批人意见</td><td colspan="8"></td></tr>
</table>

主管　　　　　会计　　　　　　　出纳　　　　　　　报销人

表 26　　　　　　　　　**重庆市服务业专用发票**

开票日期：2014 年 3 月 7 日　　　重庆地税局　　　　发票代号：32017008

付款单位（个人）：石家庄宏运服装有限公司监制章　　发票号码：34354434

行业类别：服务业	机打票号：2601280012800998	密码区
查询码：3434582787979	防伪码：238758787866878686	
项目　　餐饮	金额　　370.00	
合计（大写）：叁佰柒拾元整		
备注：重庆周渔府酒店 税号23545561		

收款单位税号：23545561　　　　　　　　开票人：姚倩

表 27　　　　　　　　　**重庆市服务业专用发票**

开票日期：2014 年 3 月 7 日　　　重庆地税局　　　　发票代号：32017008

付款单位（个人）：石家庄宏运服装有限公司监制章　　发票号码：34354434

行业类别：服务业	机打票号：2601280012800998	密码区
查询码：3434582787979	防伪码：238758787866878686	
项目　　住宿费	金额　　800.00	
合计（大写）：捌佰元整		
备注：如家酒店沙坪坝分 税号23545561		

收款单位税号：23545561　　　　　　　　开票人：张帆

表 28　　　　　　　　　**收　据**

2014 年 3 月 15 日　　　　　　No.0004890

今收到　王亮

交　来　出差报销现金 100 元

人民币（大写）壹佰元整　　　　　¥100.00

　　　　　　　　　　　　　　　　　收款方式宏运服装有限公司

收款单位（章）　　　收款人　李海燕　　交款人　王亮

（8）16 日办公室肖强报销办公用品费 325 元。

表 29　　　　　　　　**石家庄市商业零售发票**

发　票　联

客户名称：宏运服装有限公司　　　2014 年 3 月 16 日　　　　　　　　第　　号

货号	品名	规格	单位	数量	单价	金额						
						万	千	百	十	元	角	分
	打印纸	A4	包	10	30			3	0	0	0	0
		B4	包	1	25				2	5	0	0
合计金额（大写）	×万×仟叁佰贰拾伍元×角×分					￥		3	2	5	0	0
开票单位				备注 （盖章有效）								

开票人（章）　　　　　　　　　　　　　　　　　　收款人（章）

（9）20 日向康龙公司购进纽扣 10 包，每包 40 元，以现金支付货款 400 元。

表 30　　　　　　　　**上海市商业零售发票**

发　票　联

客户名称：宏运服装有限公司　　　2014 年 3 月 16 日　　　　　　　　第　　号

货号	品名	规格	单位	数量	单价	金额						
						万	千	百	十	元	角	分
	纽扣		包	10	40			4	0	0	0	0
合计金额（大写）	×万×仟肆佰×拾×元×角×分					￥		4	0	0	0	0
开票单位				备注 （盖章有效）								

开票人（章）　　　　　　　　　　　　　　　　　　收款人（章）

（10）21 日以现金预付下年度报刊费。

表 31

涉税举报电话

12366

河北省统一收款收据

地税

收据代码：2440899654

收据号码：00951888

开票日期：2014 年 3 月 21 日

缴款单位或个人	宏运服装有限公司			
款项内容	报刊费		收款方式	现金
人民币（大写）	陆佰伍拾元整			￥：650.00
收款单位盖章		收款人盖章	备注	本收据不得用于经营款项收入

第三联 收据联

（11）22 日以现金支付会计人员后续教育培训费 850 元。

表 32

石家庄市服务业专用发票

开票日期：2014 年 3 月 22 日

付款单位（个人）：石家庄宏运服装有限公司

发票代号：32017008

发票号码：34354434

行业类别：服务业	机打票号：2601280012800998	密码区
查询码：3434582787979	防伪码：238758787866878686	
项目	金额	
后续教育培训费	850.00	
合计（大写）：捌佰伍拾元整	￥850.00	
备注：		

收款单位税号：23545561   开票人：王亮

（12）24 日业务员刘红报销市内送货运费 11.4 元。

表 33

```
          河北省出租汽车专用发票
    HEBEI  TAXI  RECEPT
    发票代码：2500001010145
    发票号码：313331678
    石家庄市物价局：12358
    石家庄市运管局：96096
    编号：A0000
    电话：000000000000
    车号：冀 AZN342
    日期：2014－3－24
    上车：08：30
    下车：08：43
    单价：1.80 元
    里程：4.8KM
    等候：00：02.00
    状态：B
    金额：11.4
```

（13）30 日对现金进行清查，发现短款 100 元。

表 34   现金盘点表

单位名称：宏运服装有限公司   2014 年 3 月 30 日

实存金额	账存金额	对比结果		备注
		盘盈	盘亏	
3579.00	3679.00		100.00	出纳人员差错少收款
处理决定：				

会计机构负责人：周云   盘点人：王庆   出纳：刘红

（14）30 日经查明短款是出纳疏忽造成，出纳员交回赔偿款。

表 35　　　　　　　　　　　　　　　　**收款收据**

2014 年 3 月 30 日　　　　　　　No1158945

交款部门	财务部	交款人	刘红	交款方式	现金							
人民币（大写）	壹佰元整				十	万	千	百	十	元	角	分
							¥	1	0	0	0	0
交款事由	赔偿款											

第二联　收据联

收款单位　宏运公司　　　　　　　　　　　主管　　　会计　　　出纳

表 36　　　　　　　　　　　　　　　**现金日记账**　　　　　　　　第　页

年		凭证		摘　要	对方科目	收入（借方）	支出（贷方）	结余（余额）
月	日	种类	号数					

项目五　银行存款实训

【知识目标】

1. 学会有关银行存款业务的原始凭证的填制，记账凭证的编制；

2. 学会登记银行存款日记账和编制银行存款余额调节表。

【技能目标】

1. 根据所给资料填制原始凭证；

2. 根据原始凭证编制记账凭证；

3. 根据记账凭证登记银行存款日记账；

4. 与银行对账单核对编制余额调节表。

【情感态度与价值观】

逐渐养成作为会计人员细心认真的职业素养，认真对待所从事的出纳工作。

任务一　银行存款的序时核算训练

任务导入

同学们在上一项目已经学习了现金支票的填制方法，要想掌握银行存款的核算方法，还必须学会转账支票的填制，还要学会根据收付银行存款的单据编制会计分录。首先请同学们来试着填制一张转账支票！

【资料】　河北振华有限公司是一家服装生产企业，属增值税一般纳税人。

公司法定代表人：刘振华

纳税人登记号：1301178845678

开户银行：中国银行机场路支行

账号：160066356798

2014年1月3日，开出转账支票58500元偿还上月所欠宏利棉纺厂布料款。请填制转账支票。

中国建设银行(冀) 转账支票存根	中国建设银行**转账支票**(冀)	No.33888992
No.33888992	出票日期（大写）　年　月　日	付款行名称：
附加信息	收款人：＿＿＿＿＿	出票人账号：
＿＿＿＿＿＿＿	人民币 ▩▩▩▩▩▩▩	亿 千 百 十 万 千 百 十 元 角 分
＿＿＿＿＿＿＿	（大写）	
出票日期　年　月　日	用途：＿＿＿＿＿＿	
收款人：	上列款项请从	
金　额：	我账户内支付	复核　　　记账
用　途：	出票人签章	
单位主管　　　会计		

（本支票付款期十天）

【想一想】该笔业务的会计分录是？

任务引领

一、什么是银行存款

银行存款是企业存放在银行或其他金融机构的货币资金。按照国家有关规定凡是独立核算的单位都必须在当地银行开设账户，在经营过程中所发生的一切货币收支业务，除在规定的范围内可以用现金以外，都必须通过银行存款账户进行转账结算。

二、银行存款账户的类型及作用

（一）基本存款账户

基本存款账户是存款人办理日常转账结算和现金收付的账户。企业的工资、奖金等现金的支取，只能通过基本存款账户办理。一个企业只能开立一个基本存款账户，其他银行结算账户的开立必须以基本存款账户的开立为前提，凭基本存款账户开户登记证办理相关手续，并在基本存款账户开户登记证上进行相应登记。

（二）一般存款账户

一般存款账户是存款人因借款或其他结算需要，在基本存款账户开户银行以外的银行营业机构开立的银行结算账户。一般存款账户不得办理现金支取。

（三）临时存款账户

临时存款账户是企业因临时经营活动需要开立的账户，临时存款账户主要时机构以及临时经营活动发生的资金收付，该账户按规定可以支取现金，最长得超过两年。

（四）专用存款账户

专用存款账户是企业对特定用途的资金，由存款人向开户行出具相应证明账户。如企业的社保基金账户、住房公积金账户都属于该类账户。

三、银行存款的核算

1. 银行存款的总分类核算

为了核算和反映企业存入银行或其他金融机构的各种存款，企业会计制度规定，应设置"银行存款"科目，该科目的借方反映企业存款的增加，贷方反映企业存款的减少，期末借方余额，反映企业期末存款的余额。企业应严格按照制度的规定进行核算和管理，企业将款项存入银行或其他金融机构，借记"银行存款"科目，贷记"库存现金"等有关科目；提取和支出存款时，借记"库存现金"等有关科目，贷记"银行存款"科目。

2. 银行存款的序时核算

（1）银行存款日记账的设置

"银行存款日记账"应按开户银行和其他金融机构、存款种类等分别设置，手工记账单位的银行存款日记账必须采用订本式账簿，其账页格式一般采用"收入"（借方）、"支出"（贷方）和"余额"三栏式。银行存款日记账的设置与现金日记账基本相同，不同之处是要增设"结算凭证"栏，登记所采用的结算方式类型及凭证编号，以便与银行对账单核对。

为了清楚地表明账户之间的对应关系，了解银行存款的增减变化，银行存款日记账还可以采用多栏式的账页格式，即将收入栏和支出栏分别按照对方科目设置若干专栏。在采用多栏式银行存款日记账的情况下，如果银行存款收、付的对应科目较多，为了避免账页篇幅大，可以分设银行存款收入日记账和银行存款支出日记账。

（2）银行存款日记账的登记方法

银行存款日记账的登记工作通常也是由出纳人员负责。记账方式与现金日记账相同，在登记银行存款日记账时，出纳人员应根据审核无误的收付款凭证，按照经济业务的发生逐日逐笔顺序登记，即根据银行存款的收款凭证及有关银行存款增加的现金付款凭证登记银行存款日记账的"借方"；根据银行存款付款凭证登记银行存款日记账的"贷方"，每日终了应结出余额。"银行存款日记账"应定期与"银行对账单"核对，至少每月核对一次。月份终了，企业账面结余与银行对账单余额之间如有差额，必须逐笔查明原因进行处理，应按月编制"银行存款余调节表"，调节相符。

登记银行存款日记账的具体要求是：

（1）根据复核无误的银行存款收、付款记账凭证登记账簿。

（2）所记载的经济业务内容必须同记账凭证相一致，不得随便增减。

（3）要按经济业务发生的顺序逐笔登记账簿。

（4）必须连续登记，不得跳行、隔页，不得随便更换账页和撕扯账页。

（5）文字和数字必须整洁清晰，准确无误。

（6）使用钢笔，以蓝、黑色墨水书写，不得使用圆珠笔（银行复写账簿除外）或铅笔书写。

（7）每一账页记完后，必须按规定转页。方法同现金日记账。

（8）每月月末必须按规定结账。

【例】美华公司 12 月初银行存款日记账期初余额为 420000 元，12 月发生如下经济业务：

（1）12 月 1 日，公司向银行申请银行汇票 100000 元，凭证号为银付字 001 号，其会计分录为：

借：其他货币资金——银行汇票存款　　100000
　　贷：银行存款　　　　　　　　　　　　100000

（2）12 月 1 日，提取现金 42000 元，备发工资，凭证号为银付 002 号，其会计分录为：

借：库存现金　　　　　　　　42000
　　贷：银行存款　　　　　　　　42000

（3）12 月 5 日，销售产品收到银行本票 58500 元，存入银行，凭证号为银收字 001 号，会计分录为：

借：银行存款　　　　　　　　58500
　　贷：主营业务收入　　　　　　50000
　　　　应交税费——应交增值税（销项税额）8500

（4）12 月 9 日，收到某公司转账支票一张，价值 600000 元，归还应收账款，凭证号为银收字 002 号，会计分录为：

借：银行存款　　　　　　　　600000
　　贷：应收账款　　　　　　　　600000

（5）12 月 10 日，兑付到期商业承兑汇票一张，支付票面金额 291720 元，凭证号为银付字 003 号，会计分录为：

借：应付票据　　　　　　　　291720
　　贷：银行存款　　　　　　　　291720

（6）12 月 12 日，用转账支票向本市某企业购入材料 23400 元，材料已入库，凭证号为银付字 004 号，其会计分录为：

借：原材料　　　　　　　　20000
　　应交税费——应交增值税（进项税额）3400
　　贷：银行存款　　　　　　　　23400

（7）12 月 13 日，公司向银行借入短期借款 200000 元，凭证号为银收字 003 号，会计分录为：

|借：银行存款 | 200000 |
|贷：短期借款 | 200000 |

（8）12月14日，将多余现金1800元存入银行，凭证号为现付字024号，会计分录为：

|借：银行存款 | 1800 |
|贷：库存现金 | 1800 |

（9）12月16日，向异地某企业销售产品，采用托收承付结算方式收到款项468000元，凭证号为银收字004号，其会计分录为：

|借：银行存款 | 468000 |
|贷：应收账款 | 468000 |

（10）12月20日，公司采用委托收款方式向外地某公司采购材料，支付价款351000元，材料尚未运达，凭证号为银付字005号，其会计分录为：

借：在途物资	300000
应交税费——应交增值税（进项税额）	51000
贷：银行存款	351000

（11）12月24日，以转账支票支付外购材料运杂费24000元，凭证号为银付字006号，其会计分录为：

|借：在途物资 | 24000 |
|贷：银行存款 | 24000 |

（12）12月28日，缴纳企业所得税76000元，凭证号为银付字007号，会计分录为：

|借：应交税费——应交所得税 | 76000 |
|贷：银行存款 | 76000 |

（13）12月30日，收到子公司分得税后利润240000元，凭证号为银收字005号，其会计分录为：

|借：银行存款 | 240000 |
|贷：投资收益 | 240000 |

（14）12月31日，预交明年上半年保险费2000元，凭证号为银付字008号，其会计分录为：

|借：预付账款 | 2000 |
|贷：银行存款 | 2000 |

根据上述经济业务登记银行存款日记账如表1所示：

表1   银行存款日记账

| 2013 年 | | 记账凭证 | | 摘要 | 结算凭证 | | 借方 | 贷方 | 借 | 余额 |
月	日	字	号		种类	号数				
12	1			期初余额					借	420000
12	1	银付	001	存入汇票存款	汇票	略		100000	借	320000
12	1	银付	002	提取现金	现支			42000	借	278000
12	5	银收	001	销售产品			58500		借	336500
12	9	银收	002	收回应收账款			600000		借	936500
12	10	银付	003	支付商业承兑汇票	汇票			291720	借	644780
12	12	银付	004	购买材料	转支			23400	借	621380
12	13	银收	003	借入短期借款			200000		借	821380
12	14	现付	024	存入现金			1800		借	823180
12	16	银收	005	收到货款			468000		借	1291180
12	20	银付	005	采购材料	委收			351000	借	940180
12	24	银付	006	支付运杂费	转支			24000	借	916180
12	28	银付	007	缴纳增值税	专用			76000	借	840180
12	30	银收	005	收到投资利润			240000		借	1080180
12	31	银付	008	预交保险费	…			2000	借	1078180
				本月合计			1568300	910120	借	1078180

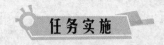

任务实施

模拟实训

实训目的

通过银行存款收支业务的模拟实训，使学生识别与银行存款收支业务有关的原始凭证，能够准确填制记账凭证，掌握银行存款的序时与总分类核算，能够根据经审核无误的会计凭证逐日逐笔的登记"银行存款日记账"，做到日清月结。

实训材料

配有相关原始凭证，自备记账凭证、现金日记账、银行存款日记账等。

实训要求

1. 办理银行存款收付和结算业务，准确填制原始凭证。

2. 模拟出纳员办理收、付款业务，填制记账凭证。

3. 登记"银行存款日记账"。

4. 保管库存现金和各种有价证卷，保管有关印章、空白收据和空白支票。

实训资料

企业概况

企业名称：河北振华有限公司

法定代表人：刘振华

注册地址：石家庄市机场路 158 号　　电话：0311－82866126

注册资本：500 万元

企业类型：有限责任公司

经营范围及主要产品：西服、工装、校服等系列服装

经营方式：生产销售

开户银行：建行石家庄机场路支行

账号：160066356798

纳税人登记号：1301178845678

纳税人类型：一般纳税人

增值税率：17％

银行存款日记账余额：960000 元

业务资料

2013 年 12 月河北振华有限公司发生以下有关银行存款的经济业务：

1.12 月 1 日，开出现金支票从银行提取 2000 元现金备用

表 2 　　　　　　　　　　　　　　　现金支票

中国建设银行（冀）现金支票存根	本支票付款期十天	中国建设银行**转账支票**（冀）　　　No.33306451										
No.33306451		出票日期（大写）　　年　月　日　　付款行名称：										
附加信息		收款人：.................................　　出票人账号：										
			百	十	万	千	百	十	元	角	分
		人民币（大写）									
出票日期　年　月　日		用途：_____									
收款人：		上列款项请从									
金　额：		我账户内支付									
用　途：		出票人签章　　　　　　　复核　　　记账										
单位主管　　　会计											

2.3 日，收到武汉市光华建材公司支票一张，系归还前欠货款。请填制进账单将支票送存银行

表3   转账支票

中国建设银行转账支票（鄂）   No. 33306451

出票日期（大写）贰零壹叁年壹拾贰月零叁日   付款行名称：建行武汉市石化支行

收款人：河北振华有限公司   出票人账号：364900652377218

本支票付款期限十天	人民币（大写）	伍万捌仟伍佰元整		百	十	万	千	百	十	元	角	分
			￥	5	8	5	0	0	0	0	0	0
	用途：购工装欠款 上列款项请从我账户内支付 出票人签章											

复核   记账

表4   中国建设银行   进账单   （回单）1
                                年 月 日   第 21 号

出票人	全称		持票人	全称		千	百	十	万	千	百	十	元	角	分
	账号			账号											
	开户银行			开户银行											
人民币（大写）															
票据种类															
票据张数															
单位 主管 会计 复核 记账				持票人开户银行签章											

此联是收款人开户银行交持票人的回单

3.6 日，开出转账支票 50000 元，向石家庄宏利棉纺厂偿还布料款（填制转账支票）

表5 转账支票

中国建设银行(冀) 转账支票存根 No.33888991 附加信息	中国建设银行**转账支票**(冀) No.33888991
	出票日期（大写） 年 月 日 付款行名称：
	收款人：..................... 出票人账号：

<table>
<tr><td rowspan="5">出票日期 年 月 日

收款人：

金 额：

用 途：

单位主管 会计</td><td rowspan="5">本支票付款期十天</td><td>人民币
（大写）</td><td>百 十 万 千 百 十 元 角 分</td></tr>
<tr><td>用途：_____</td><td></td></tr>
<tr><td>上列款项请从</td><td></td></tr>
<tr><td>我账户内支付</td><td>复核 记账</td></tr>
<tr><td>出票人签章</td><td></td></tr>
</table>

4.8 日，向石家庄嘉禾纺织厂购进棉布 100 匹，单价每匹 2000 元，取得增值税发票一张，材料验收入库，开出转账支票付款（填制转账支票）

表6 河北省增值税专用发票

发票联 No.00180234

开票日期 2013 年 12 月 8 日

购货单位	名 称： 河北振华有限公司 纳税人识别号：1301178845678 地址、电话：机场路158号0311-82866126 开户银行及账号：建行机场路支行160066356798	密码区	4<0/0*31*6<2+7703+6 加密版本号：01/ 1-1-09881019>990/0+8 6845/3<0211+-+0191312 440004314 4<0676->>2-23/186>>-1 0180234

货物及应税劳务名称	规格型号	单位	数量	单价	金额	税率	税额
棉布	纯棉	匹	100	2000.00	200000	17%	34000
合计					￥200000.00		￥34000.00

价税合计（大写）	贰拾叁万肆仟元整	（小写）￥234000.00

销货单位	名 称：石家庄嘉禾纺织厂 纳税人识别号：35929104021388 地址、电话：建设大街127号54566788 开户银行及账号：工行石支 0776024001469	备注

收款人： 复核： 开票人：李燕 销货单位(章)：

第三联 发票联 购货方记账凭证

表7

河北省增值税专用发票

抵 扣 联

No. 00180234

开票日期　2013 年 12 月 8 日

购货单位	名　　　　称：河北振华有限公司 纳税人识别号：1301178845678 地 址、电 话：机场路158号0311-82866126 开户银行及账号：建行机场路支行160066356798				密码区	4<0/0*31*6<2+7703+6 加密版本号：01 /1-1-09881019>990/0+8 6845/3<0211+-+0191312 440004314 4<0676->>2-23/186>>-1 0180234		
货物及应税劳务名称	规格型号	单位	数量	单价	金额	税率	税额
棉布	纯棉	匹	100	2000.00	200000	17%	34000
合计					￥200000.00		￥34000.00
价税合计（大写）　　贰拾叁万肆仟元整					（小写）￥234000.00		
销货单位	名　　　　称：石家庄嘉禾纺织厂 纳税人识别号：359291040021388 地 址、电 话：建设大街127号54566788 开户银行及账号：工行石支　0776024001469				备注			

收款人：　　　复核：　　　开票人：李燕　　　销货单位（章）：

表 8

材料入库单

供应单位：石家庄嘉禾纺织厂　　　2013 年 12 月 8 日

发票号：00180234　　　　　　　　　　　　　　　　字第 21

材料编号	材料名称	规格材质	计量单位	应收数量	实收数量	单价	金额									
							千	百	十	万	千	百	十	元	角	分
	棉布	纯棉	匹	100	100	2000				2	0	0	0	0	0	0
				运杂费												
				合计					￥	2	0	0	0	0	0	0
备注																

仓库：　　　会计：　　　收料员：李丹　　　制单：王晓

表9　　　　　　　　　　　　　　**转账支票**

中国建设银行(冀) 转账支票存根 　　No.33888992 附加信息	本支票付款期十天	中国建设银行**转账支票**(冀)　　No.33888992 出票日期(大写)　　年　月　日　　付款行名称: 收款人: ....　　出票人账号:

中国建设银行(冀)转账支票存根部分：

出票日期　年　月　日
收款人:
金　额:
用　途:
单位主管　　会计

支票正面：
人民币(大写)　　　　　　　　百十万千百十元角分

用途: _____

上列款项请从
我账户内支付
出票人签章

复核　　记账

5.13 日，销售给郑州丰源实业有限公司西服 500 套，开出增值税发票，产品已发出，采用委托收款方式结算，填制委托收款凭证

表10　　　　　　　　**河北省增值税专用发票**
记账联　　　　　　　　　No. 10180289
开票日期　2013 年 12 月 13 日

购货单位	名　　称: 丰源实业有限公司 纳税人识别号: 465280104013184 地址、电话: 郑州建设路21号0991-2866126 开户银行及账号: 工行昌支47000609003636668	密码区	4<0/0*31*6<2+7703+6 加密版本号: 01 /1-1-09881019>990/0+8 6845/3<0211+-+0191312　440004314 4<0676->>2-23/186>>-1 0180234

货物及应税劳务名称	规格型号	单位	数量	单价	金额	税率	税额
西服		套	500	1000.00	500000	17%	85000
合计					￥500000.00		￥85000.00

价税合计(大写)　伍拾捌万伍仟元整　　　　(小写)￥585000.00

销货单位	名　　称: 河北振华有限公司 纳税人识别号: 1301178845678 地址、电话: 机场路158号0311-82866126 开户银行及账号: 建行机场路支行 160066356798	备注	

收款人:　　　复核:　　　开票人:李清水　　　销货单位(章):

第一联　记账联　销货方记账凭证

表 11 **产品出库单**

购货单位：丰源实业有限责任公司　　　2013 年 12 月 13 日　　　　　　销字第 051 号

商品名称及规格	单位	数量
西服	套	500
合计		500

主管人：　　　　会计：　　　　记账：　　　　制单：刘全友

第二联　会记记账

表 12 **托收凭证（受理回单）　1**

委托日期　年　月　日　　　　　付款期限 2013 年 12 月 20 日

业 务 类 型		委托收款（◎邮划、◉电划）		托收承付（◎邮划、◉电划）													
付款人	全 称		收款人	全 称													
	账 号			账 号													
	地 址		开户行		地 址			开户行									
金额	人民币（大写）					亿	千	百	十	万	千	百	十	元	角	分
款项内容			托收凭据名 称				附寄单证张数										
商品发运情况				合同名称号码		14356											
备注：			款项收妥日期　年　月　日														
	复核　记账						收款人开户银行签章										

6.15 日，向建设银行借入为期 3 个月的流动资金周转贷款 60000 元。年利率为 5%

表 13　　　　　中国建设银行（短期借款）借款凭证（回单）　④

2013 年 12 月 15 日　　　　　　　　　　　银行编号：3040126

名　　称	河北振华有限公司	借款单位	名　　称	河北振华有限公司
往来账户	160066356890		借款账户	160066356798
开户银行	建行机场路支行		地　　址	建行机场路支行

还款期限	3 个月	利率	5%	起息日期	2013.12.15

申请金额	人民币（大写）陆万元整	亿	千	百	十	万	千	百	十	元	角	分
						¥6	0	0	0	0	0	0

借款原因用　途	周转贷款	银行核定金额	

备注：	期限	计划还款	计划还款金额

中国建设银行

转讫

上述借款业已同意贷给并转入你单位往来账户，借款到期时应按期归还。　此致

借款单位

（银行盖章）　　　　　　　　　　　　　　　　2013 年 12 月 15 日

7.18 日，接到银行通知，收到丰源实业有限公司托收款 585000 元

表 14 　　　　　　　　　　托收凭证（收账通知）　4

委托日期 2013 年 12 月 13 日　　　　　付款期限 2013 年 12 月 20 日

业 务 类 型		委托收款（◎邮划、◉电划）			托收承付（◎邮划、◉电划）			
付款人	全 称	丰源实业有限公司			收款人	全 称	河北振华有限公司	
	账 号	47000609003636668				账 号	160066356798	
	地 址	郑州	开户行	工行昌支		地 址	石家庄　开户行　建行机场路支行	

金额	人民币（大写）	伍拾捌万伍仟元整	亿	千	百	十	万	千	百	十	元	角	分
						¥	5	8	5	0	0	0	0

款项内容	销货款	托收凭据名 称	增值税发票	附寄单证张数	1
商品发运情况		已发运	合同名称号码	14356	

备注：

款项收妥日期　2013 年 12 月 18 日　　　　　　转讫

收款人开户银行签章

复核　　　记账

8.20 日，支付本月职工工资 27680 元，请开出转账支票

表 15 　　　　　　　　　　12 月份工资结算汇总表

2013 年 12 月 20 日

部门名称		基本工资	各类补贴及奖金	应付工资	代扣款项	实发工资
生产车间	生产工人	15850	2350	18200		18200
	车间管理人员	2730	300	3030		3030
	小计	18580	2650	21230		21230
管理部门		5120	1230	6350		6350
合计		23700	3880	27580		27680

单位主管：李辉　　　　　　　审核：张斌　　　　　　　制表：陈芳香

表16　　　　　　　　　　　　　　　　转账支票

中国建设银行(冀) 转账支票存根 　　No.33888992 附加信息 ———————————— ———————————— 出票日期　年　月　日 收款人： 金　额： 用　途： 单位主管　　会计	本 支 票 付 款 期 限 十 天	中国建设银行**转账支票**(冀)　　No.33888992 出票日期（大写）　　年　月　日　　付款行名称： 收款人：·················· 　　出票人账号：

（表格右侧金额栏）百 十 万 千 百 十 元 角 分

人民币
（大写）

用途：————————

上列款项请从
我账户内支付
出票人签章　　　　　　　复核　　记账

9.22日，向银行申请办理银行汇票80000元，（收款人：北京清河毛纺厂，开户银行：建设银行通县支行，账号：4400177780805），填制银行汇票申请书

表17　　　　　　　**中国建设银行汇票申请书（存根）　1**

申请日期　　年　月　日　　　　　　No.1075120

申请人		收款人										此 联 申 请 人 留 存
账　号 或住址		账　号 或住址										
用　途		代理 付款行										
汇票 金额	人民币 （大写）		千	百	十	万	千	百	十	元	角	分
备注		科　目　———————— 对方科目　———————— 财务主管　　复核　　经办										

10.23日，出纳员将当天的销售款35600元现金存入银行（其中面额100元的200张，面额50元的300张，面额10元的60张）（填制银行现金交款单）

表 18　　　　　　　　　　　中国建设银行现金交款单

账别：　　　　　　　　　　　　　年　　月　　日

交款单位						收款单位										
款项来源					账号				开户银行							
大写金额								亿	千	百	十	万	千	百	十	元	角	分
券别							合计金额	目（贷） 对方科目（借）纱、现金							
整把券															
零张券															

11.25 日，归还银行贷款 200000 元

表 19　　　　　　　（流动资金贷款）还款凭证（付款通知）　　④

原借款凭证单位编号：1002　　　　日期：2013 年 12 月 25 日　　　原借款凭证银行编号：240321

付款人	名　称	河北振华有限公司	借款人	名　称	河北振华有限公司								
	往来账户	160066356890		借款人账户	160066356798								
	开户银行	建行机场路支行		开户行	建行机场路支行								
计划还款日期		2013 年 12 月 25 日	还款次序		第　　次还款								
借款金额		人民币（大写）贰拾万元整			千	百	十	万	千	百	十	元	角	分
						¥	2	0	0	0	0	0	0	0
还款内容		流动资金借款												
备注：上述借款的期限为 6 个月			上述借款已从你单位往来账户内转还。此致 借款单位 （银行盖章）（略）　2013 年 12 月 25 日										

12.26 日，从北京清河毛纺厂购入的化纤布 10000 米，单价 6.5 元，收到增值税发票及银行汇票多余款通知，材料尚未运达

表20

北京市增值税专用发票

抵 扣 联

No. 00340235

开票日期　2013 年 12 月 24 日

购货单位	名　　　称：	河北振华有限公司					密码区				(略)		
	纳税人识别号：	1301178845678											
	地址、电话：	石家庄机场路158号0311-82866126											
	开户银行及账号：	建行机场路支行　160066356798											
货物或应税劳务名称	规格型号	单位	数量	单价	金额		税率		税额				
化纤布	20#	米	10000	6.50	65000.00		17%		11050.00				
合计					￥65000.00				￥11050.00				
价税合计（大写）	柒万陆仟零伍拾元整					（小写）￥76050.00							
销货单位	名　　　称：	北京清河毛纺厂			备注								
	纳税人识别号：	4301900005477557											
	地址、电话：	北京通县工业区99号											
	开户银行及账号：	建设银行通县支行　4400177780805											

收款人：　　　　复核：　　　　　开票人：　　　　　　销货单位(章)：

第二联　抵扣联　购货方扣锐凭证

表21

北京市增值税专用发票

发 票 联

No. 00340235

开票日期　2013 年 12 月 24 日

购货单位	名　　　称：	河北振华有限公司					密码区				(略)		
	纳税人识别号：	1301178845678											
	地址、电话：	石家庄机场路158号0311-82866126											
	开户银行及账号：	建行机场路支行　160066356798											
货物或应税劳务名称	规格型号	单位	数量	单价	金额		税率		税额				
化纤布	20#	米	10000	6.50	65000.00		17%		11050.00				
合计					￥65000.00				￥11050.00				
价税合计（大写）	柒万陆仟零伍拾元整					（小写）￥76050.00							
销货单位	名　　　称：	北京清河毛纺厂			备注								
	纳税人识别号：	4301900005477557											
	地址、电话：	北京通县工业区99号											
	开户银行及账号：	建设银行通县支行　4400177780805											

收款人：　　　　复核：　　　　　开票人：　　　　　　销货单位(章)：

第三联　发票联　购货方记账凭证

表 22

中国工商银行

银行汇票（解讫通知） **3**　　第AD25142号

付款期 壹个月		

兑付地点：北京　　兑付行：建行通县支行　　行号：

出票日期（大写）　贰零壹叁年贰拾贰月贰拾贰日

收款人：北京清河毛纺厂	账号或住址：4400177780805

出票金额	人民币（大写）　捌万元整									
实际结算金额	人民币（大写）　柒万陆仟零伍拾元整					(小写)¥76050.00				

汇款人：河北振华有限公司	账号或住址：160066356798									
出票行：建行石家庄机场路支行　行号：＿＿＿＿＿		多余金额	千	百	十	万	千	百	十	元	角	分
汇款用途：购材料＿＿＿＿＿					¥	3	9	5	0	0	0
出票行盖章：	科目(付)
	对方科目(收)
	兑付日期2013年12月26日
	复核　　记账

由签发行作多余款收入凭证

13.27 日，预收济南红星商城购货款 300000 元

表 23　　　　　　　　　中国银行　　电汇凭证（收账通知）

☐普通　　☐加急　　　　　　　　　　　委托日期 2013 年 12 月 27 日

汇款人	名　称	济南红星商城	借款人	名　称	河北振华有限公司
	往来账户	30039687450		借款人账户	160066356798
	汇出地点	济南		汇入地点	石家庄
	汇出行名称	中行济南中兴支行		汇入行名称	建行石家庄机场路支行

金额	人民币（大写）	叁拾万元整	亿	千	百	十	万	千	百	十	元	角	分
						￥	3	0	0	0	0	0	0

支付密码

附加信息及用途：货款
　款已从你单位账户汇出

（中国银行济南支行　转讫）

汇出行签章　　　　　　　　　　　　　　　　复核　　记账

此联汇入行给收款人的收账通知

14.28 日，以汇兑方式支付北京市广告公司广告费 23000 元（开户银行：中行北京朝阳支行，账号 3300396874502）

表 24　　　　　　　　　北京市广告业专用发票

客户名称：河北振华有限公司　　　　2013 年 12 月 28 日　　　　　　NO. 2214575

项目	单位	数量	单价	金额						
				万	千	百	十	元	角	分
产品广告	条	230	100	2	3	0	0	0	0	0
合计金额（大写）贰万叁仟元整				2	3	0	0	0	0	0

单位盖章　　　　　　　　　　会计：　　　　　　　　经手人：

表 25 　　　　　　　　中国建设银行　　电汇凭证（回单）

☐普通　　☐加急　　　　委托日期 2013 年 12 月 27 日

汇款人	名　称		借款人	名　称		亿	千	百	十	万	千	百	十	元	角	分
	往来账户			借款人账户												
	汇出地点			汇入地点												
汇出行名称			汇入行名称													

| 金额 | 人民币（大写） | | | | | | | | | | | | | | | |

支付密码 ☐☐☐☐☐☐

附加信息及用途：货款

　款已从你单位账户汇出

汇出行签章　　　　　　　　　　　　　　　复核　　记账

此联汇出行给汇款人的回单

15.29 日，开出转账支票 150000 元，向石家庄宏利棉纺厂预付布料款（填制转账支票）

表 26 　　　　　　　　　　　　　　转账支票

中国建设银行(冀)转账支票存根　　No.33888991	中国建设银行**转账支票**(冀)　　　　No.33888993

中国建设银行(冀)
转账支票存根

　　　　No.33888991

附加信息

＿＿＿＿＿＿＿

出票日期　年　月　日

收款人：

金　额：

用　途：

单位主管　　会计

中国建设银行**转账支票**(冀)　　　　No.33888993

出票日期（大写）　　年　月　日　　付款行名称：

收款人：⋯⋯⋯⋯⋯　　　　出票人账号：

人民币（大写）		百	十	万	千	百	十	元	角	分

用途：⋯⋯⋯⋯

上列款项请从

我账户内支付

出票人签章　　　　　　　　复核　　　记账

本支票付款期限十天

16.30 日，销售给石家庄嘉禾纺织厂工装 1500 套，开出增值税发票，产品已发出，收到转账支票，填制进账单存入银行

表27

河北省增值税专用发票

记　账　联

No. 10180292

开票日期　2013 年 12月 30日

购货单位	名　　称：石家庄嘉禾纺织厂 纳税人识别号：359291040021388 地　址、电话：建设大街127号54566788 开户银行及账号：工行石支　0776024001469					密码区	4<0/0*31*6<2+7703+6 加密版本号：01 /1-1-09881019>990/0+8 6845/3<0211+-+0191312 440004314 4<0676->>2-23/186>>-1 0180234		
货物及应税劳务名称	规格型号	单位	数量	单价		金额	税率	税额	
工装		套	1500	200.00		3000000	17%	51000	
合　计						¥3000000.00		¥51000	
价税合计（大写）		叁拾伍万壹仟元整					（小写）¥351000.00		
销货单位	名　　称：河北振华有限公司 纳税人识别号：1301178845678 地　址、电话：机场路158号0311-82866126 开户银行及账号：建行机场路支行160066356798					备注			

收款人：　　　　复核：　　　　开票人：李清水　　　销货单位(章)：

表 28

产品出库单

购货单位：石家庄嘉禾纺织厂　　　2013 年 12月 30日　　　销字第 051 号

商品名称及规格	单位	数量
工装	套	1500
合　计		500

主管人：　　　　会计：　　　　记账：　　　　制单：刘全友

表 29　　　　　　　　　　　　　　转账支票

中国建设银行转账支票（冀）　　No. 36706487

出票日期（大写）贰零壹叁年壹拾贰月零叁拾日　　付款行名称：工行石支

收款人：河北振华有限公司　　　　　　　出票人账号：0776024001469

本支票付款期限十天	人民币（大写）　叁拾伍万壹仟元整	百	十	万	千	百	十	元	角	分
		¥	3	5	1	0	0	0	0	0
	用途：购工装　　上列款项请从　我账户内支付　出票人签章	（石家庄嘉禾纺织厂 财务专用章）（李国华 印）复核　记账									

表 30　　　　　　中国建设银行　进账单　（回单）1

年　月　日　　　　　　　　　　　第 25 号

出票人	全称		持票人	全称											
	账号			账号											
	开户银行			开户银行											
人民币（大写）					千	百	十	万	千	百	十	元	角	分	
票据种类															
票据张数															
单位　主管　会计　复核　记账				持票人开户银行签章											

此联是持票人开户银行交给持票人的收账通知

任务二　银行存款的清查训练

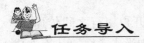

我们已经学会了银行存款日记账的登记，那么我们怎么知道我们是否记对了呢？这就要对银行存款日记账进行核对，怎样进行银行存款日记账的核对呢？请同学们想一想，《会计基础》中财产清查是怎样对银行存款进行清查的。

一、银行存款日记账的清查核对方法

银行存款日记账与现金日记账的核对方法有一定的区别，现金日记账的账实核对是通过库存现金实地盘点查对的，而银行存款日记账的账实核对无法进行存款的实地盘点查对，它要通过与银行送来的对账单进行核对。所以银行存款日记账的核对主要包括以下三项内容：

一是银行存款日记账与银行存款收、付款凭证互相核对，做到账证相符。

二是银行存款日记账与银行存款总账互相核对，做到账账相符。

三是银行存款日记账与银行开出的银行存款对账单互相核对，做到账实相符。

前两个方面的核对，与现金日记账的核对基本相同。这里着重介绍企业与银行之间的"账单核对"。

银行开出的"银行存款对账单"是银行对本企业在银行的存款进行序时核算的账簿记录的复制件，所以与"银行存款对账单"进行核对，实际上是与银行进行账簿记录的核对。

理论上讲，企业银行存款日记账的记录与银行开出的"银行存款对账单"无论是发生额，还是期末余额都应该是完全一致的，因为它们是对同一账号存款的记录。但是，通过核对，我们会发现双方的账目经常出现不一致的情况。原因有两个，一是有"未达账项"；二是双方账目可能发生记录错误。

无论是"未达账项"，还是双方账目记录有误，都要通过企业银行存款日记账的记录与银行开出的"银行存款对账单"进行逐笔"钩对"才能发现。

具体作法是：企业把"银行存款日记账"中的借方和贷方的每笔记录分别与"银行存款对账单"中的贷方和借方的每笔记录从凭证种类、编号、摘要内容、记账方向和金额等方面进行逐笔核对。经核对相符时，分别在各自有关数额旁边划"√"以作标记。在双方账单中没有划"√"标记的，不是"未达账项"就是双方账目记录的错误。

对于已查出的错账、漏账，有过错的一方应及时加以更正。但是，为了对账方便，银行记录错误可暂由企业出纳在"银行存款对账单"中作假设性更正，事后再与银行联系，由银行更正其账目；对于"未达账项"，则应编制"余额调节表"加以调节，以便切实查清双方账目是否相符，查明企业银行存款的实有数额。要注意，只是通过编制余额调节表来调整余额数字，达到查清账目的目的，并不是按照查对到的情况直接记账，账簿记录要依据日后凭证到达后处理。

什么是未达账项未达账项是指银行收、付款结算凭证在企业和开户银行之间传递时，由于收到凭证的时间不同而发生的有些凭证一方已经入账，而另一方尚未入账，从而造成企业银行存款日记账记录与银行对账单记录不符现象的某些账款。未达账项是银行存款收付结算业务中的正常现象，主要有以下 4 种情况：

一是银行已经收款入账，而企业尚未收到银行的收款通知因而未收款入账的款项，如，委托银行收款等。

二是银行已经付款入账，而企业尚未收到银行的付款通知因而末付款入账的款项，如，借款利息的扣付、托收无承付等。

三是企业已经收款入账，而银行尚未办理完转账手续因而未收款入账的款项，如，收到外单位的转账支票等。

四是企业已经付款入账，而银行尚未办理完转账手续因而未付款入账的款项，如，企业已开出支票而持票人尚未向银行提现或转账等。

出现第一和第四种情况时，会使开户单位银行存款账面余额小于银行对账单的存款余额；出现第二种和第三种情况时，会使开户单位银行存款账面余额大于银行对账单的存款余额。无论出现哪种情况，都会使开户单位存款余额与银行对账单存款余额不一致，很容易开出空头支票，对此，必须编制"银行存款余额调节表"进行调节。

二、银行存款余额调节表的编制

银行存款余额调节表的编制方法一般是在双方账面余额的基础上，分别补记对方已记而本方未记账的账项金额，然后验证调节后的双方账目是否相符。

即在银行对账单余额与企业账面存款余额的基础上，各自加上对方已收本单位未收账项数额，减去对方已付本单位未付账项数额，然后编制"银行存款余额调节表"验证经过调节后的存款是否相等的方法。如果相等，表明企业和银行的账目没有差错；反之，说明记账有错误，应进一步查明原因，予以更正。

【例】某企业 2014 年 4 月 5 日进行银行对账，4 月 1 日到 4 月 5 日企业银行存款日记账账面记录与银行出具的 4 月 5 日对账单资料及对账后钩对的情况如下：

企业银行存款日记账记录（如表 31 所示）。

表 31　　　　　　　　　　　　　　　　　　银行存款日记账

| 2014 年 | | 凭证号 | 摘要 | 借方 | 贷方 | 方向 | 余额 | 标记 |
月	日							
4	1		期初余额			借	100000.00	
4	1	银付 001	付料款		30000.00	借	70000.00	√
4	1	银付 002	付料款		20000.00	借	50000.00	√
4	1	银收 001	收销货款	10000.00		借	60000.00	√
4	2	银收 002	收销货款	20000.00		借	80000.00	√
4	2	银付 003	交税金		80000.00	平	0.00	√
4	3	银收 003	收销货款	60000.00		借	60000.00	
4	3	银付 004	取备用金		20000.00	借	40000.00	
4	5		本期合计	90000.00	150000.00	借	40000.00	

银行对账单记录（如表 32 所示）。

表 32　　　　　　　　　　　　　　　　　　银行对账单记录

| 2014 年 | | 摘要 | 账单号 | 借方 | 贷方 | 方向 | 余额 | 标记 |
月	日							
4	1	期初余额				贷	100000.00	
4	2	转支	0000501	30000.00		贷	70000.00	√
4	2	转支	0000602	20000.00		贷	50000.00	√
4	2	收入存款	0000103		10000.00	贷	60000.00	√
4	3	收入存款	0000544		20000.00	贷	80000.00	√
4	3	转支	0000185	80000.00		贷	0.00	√
4	4	收入存款	0000066		80000.00	贷	80000.00	
4	4	付出	0000207	70000.00		贷	10000.00	
4	5	本期合计		200000.00	110000.00		10000.00	

银行存款余额调节表编制（如表 33 所示）。

表 33　　　　　　　　　　　　　　　　**存款余额调节表**

开户行及账号：　　　　　　　　2014 年 4 月 5 日　　　　　　　　金额单位：元

项　　目	金额	项　　目	金额
企业银行存款日记账余额	40000	银行对账单余额	10000
加：银行已收、企业未收款	80000	加：企业已收、银行未收款	60000
减：银行已付、企业未付款	70000	减：企业已付、银行未付款	20000
调节后的存款余额	50000	调节后的存款余额	50000

主管：　　会计：　　出纳：　　　编制单位：

附：未达账项清单

企业未达账项					银行未达账项				
月	日	摘　要	未收	未付	月	日	摘　要	未收	未付
4	4	收入存款	80000		4	3	收销货款	60000	
4	4	付出		70000	4	3	取备用金		20000
		合　计	80000	70000			合　计	60000	20000

注意事项

调节后，如果双方余额相等，一般可以认为双方记账没有差错。调节后双方余额仍然不相等时，原因还是两个，要么是未达账项未全部查出，要么是一方或双方账簿记录还有差错。无论是什么原因，都要进一步查清楚并加以更正，直到调节表中双方余额相等为止。调节后的余额既不是企业银行存款日记账的余额，也不是银行对账单的余额，它是企业银行存款的真实数字，也是企业当日可以动用的银行存款的极大值。

银行存款余额调节表只能起到核对账目的作用，不得用于调整银行存款账面余额，不属于原始凭证。

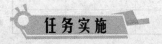
任务实施

模拟实训

实训目的

通过编制银行存款余额调节表的模拟实训，使学生掌握银行存款日记账与银行对账单的核对方法，及银行存款余额调节表的编制方法。

实训材料

配有银行存款日记账的记录、银行对账单、余额调节表等。

实训要求

1. 对银行存款日记账与银行对账单进行逐笔核对。
2. 找出双方的未达账项。
3. 编制银行存款余额调节表。

实训资料

1. 天和有限公司 2014 年 6 月银行存款日记账记录和 6 月银行对账单如表 34、表 35 所示

表 34　　　　　　　　　　　　银行存款日记账

第　　页

2014 年		凭证		摘　要	对方科目	结算凭证		借方	贷方	余额
月	日	字	号			种类	号数			
				以上记录略						415000
6	21	银付		支付差旅费	其他应收款	现支	10785		1000	414000
6	22	银付		提现发薪	库存现金	现支	10786		45000	369000
6	24	银付		办公用品费	管理费用	转支	45761		320	368680
6	26	银收		存销货款	主营业务收入	进账单	7852	11700		380380
6	30	银付		邮电费	管理费用	转支	45762		250	380130
6	30	银收		存款利息	财务费用	结息单	38976	417		380547
6	30	银收		存押金	其他应付款	进账单	7853	3600		384147

表 35　　　　　　　　中国工商银行无锡市分行营业部对账单

2014 年　6 月 30 日

2014 年		对方科目代号	摘　要	凭证号		借方	贷方	余额
月	日			现金支票	结算凭证			
			以上记录略					415000
6	21	10	现金支票	10785		1000		414000
6	22	10	现金支票	10786		45000		369000
6	25	65	转账支票		45761	320		368680
6	26	10	进账单		7852		11700	380380
6	30	46	托收承付		47216		10000	390380
6	30	251	结息单		38976		417	390797
6	30	518	委托收款		36481	20358		370439

表36　　　　　　　　　　　　　　　　　存款余额调节表

开户行及账号：　　　　　　　　　　　年　月　日　　　　　　　　　金额单位：元

项　目	金额	项　目	金额
企业银行存款日记账余额		银行对账单余额	
加：银行已收、企业未收款		加：企业已收、银行未收款	
减：银行已付、企业未付款		减：企业已付、银行未付款	
调节后的存款余额		调节后的存款余额	

主管：　　　会计：　　　出纳：　　　　编制单位：

附：未达账项清单

企业未达账项					银行未达账项				
月	日	摘　要	未收	未付	月	日	摘　要	未收	未付

2. 资料：某企业 2014 年 9 月 30 日"银行存款日记账"账面余额为 226600 元，"银行对账单"余额为 269700 元。经核对存在未达账项如下

（1）6 月 29 日，企业销售产品，收到转账支票一张，金额 23000 元，银行尚未入账

（2）6 月 29 日，企业开出转账支票一张，支付购买材料款 58500 元，持票单位尚未向银行办理手续

（3）6 月 30 日，银行代收到销货款 24600 元，企业尚未收到收款通知

（4）6 月 30 日，银行代付出电费 17000 元，企业尚未收到付款通知

请编制"银行存款余额调节表"。

表37　　　　　　　　　　　　　　　　　存款余额调节表

开户行及账号：　　　　　　　　　　　年　月　日　　　　　　　　　金额单位：元

项　目	金额	项　目	金额
企业银行存款日记账余额		银行对账单余额	
加：银行已收、企业未收款		加：企业已收、银行未收款	
减：银行已付、企业未付款		减：企业已付、银行未付款	
调节后的存款余额		调节后的存款余额	

主管：　　　会计：　　　出纳：　　　　编制单位：

附：未达账项清单

企业未达账项					银行未达账项				
月	日	摘　要	未收	未付	月	日	摘　要	未收	未付

3. 2013年12月河北振华有限公司的银行对账单如下，请核对自己为河北振华有限公司所记的银行存款日记账，找出未达账项，编制银行存款余额调节表

表38　　　　　河北振华有限公司　银行对账单

日期	凭证种类	凭证号码	摘要	借方发生额	贷方发生额	余额
2013—12—1			期初余额			960000.00
2013—12—1			提取现金	2000.00		958000.00
2013—12—3			货款		58500.00	1016500.00
2013—12—6			欠款	50000.00		966500.00
2013—12—8			购料款	234000.00		732500.00
2013—12—14			货款		585000.00	1317500.00
2013—12—15			借款		60000.00	1377500.00
2013—12—20			工资	27680.00		1349820.00
2013—12—22			银行汇票	80000.00		1269820.00
2013—12—23			存现金		35600.00	1305420.00
2013—12—24			汇票多余款		3950.00	1309370.00
2013—12—25			还借款	200000.00		1109370.00
2013—12—27			货款		300000.00	1409370.00
2013—12—28			广告费	23000.00		1386370.00
2013—12—29			电费	160000.00		1226370.00
2013—12—31			货款		60000.00	1286370.00

表 39　　　　　　　　　　　　　存款余额调节表

开户行及账号：　　　　　　　　　年　月　日　　　　　　　　　金额单位：元

项　目	金额	项　目	金额
企业银行存款日记账余额		银行对账单余额	
加：银行已收、企业未收款		加：企业已收、银行未收款	
减：银行已付、企业未付款		减：企业已付、银行未付款	
调节后的存款余额		调节后的存款余额	

主管：　　　会计：　　　出纳：　　　　编制单位：

附：未达账项清单

企业未达账项					银行未达账项				
月	日	摘　要	未收	未付	月	日	摘　要	未收	未付

项目六　票据结算与实训

【知识目标】

了解票据结算的相关规定及填写要求；熟悉票据结算的业务流程。

【技能目标】

1. 能熟练填制现金支票、转账支票、银行汇票及商业汇票等票据；

2. 能正确办理相关票据结算业务。

【情感态度与价值观】

在实训过程中培养学生细心、耐心、一丝不苟的精神，并逐步树立良好的会计职业道德。

任务一　支票的核算训练

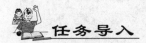

在前面我们已经学会了填写现金支票和转账支票、进账单，同学们还记得吗？假设2014 年 1 月 10 日河北苏宁有限公司（付款行名称：建行机场路支行，出票人账号：160066356712），出纳需要提取现金 100000 元发放工资，你知道怎么填写现金支票吗？

一、支票概述

支票是出票人签发的，委托办理支票存款业务的银行在见票时无条件支付确定的金额给收款人或者持票人的票据。

（一）支票的分类

1. 现金支票

印有"现金"字样的支票为现金支票，现金支票只能支取现金。

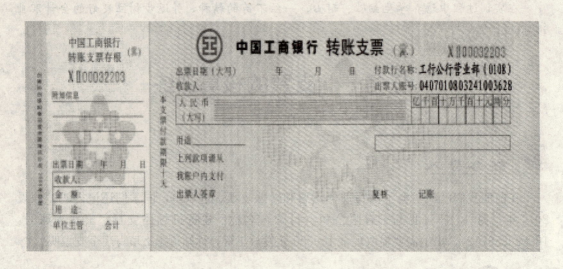

2. 转账支票

印有"转账"字样的支票为转账支票，转账支票只能用于转账。

3. 普通支票

未印有"现金"或"转账"字样的支票为普通支票，普通支票可以用于支取现金，也可以用于转账。

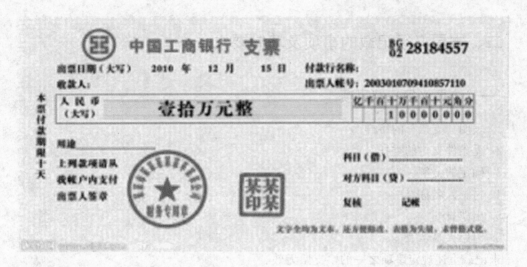

4. 划线支票

在普通支票左上角划两条平行线的支票为划线支票，划线支票只能用于转账，不能支取现金。在实际工作中我国一直采用的是现金支票和转账支票，目前尚未推行普通支票的使用。

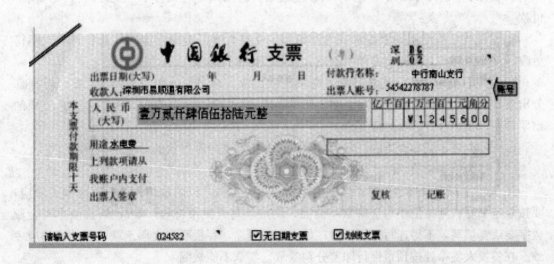

（二）支票的使用范围

支票结算仅限于同城，可用于商品交易、劳务供应、资金调拨及其他款项结算。凡在银行设立账户的单位、个体工商户和个人经开户银行同意，均可使用支票结算。

二、支票必须记载的事项及填制要求

（一）支票必须记载事项

1. 表明"支票"的字样
2. 无条件支付的委托
3. 确定的金额
4. 付款人名称
5. 出票日期
6. 出票人签章

未记载上述规定事项之一的，支票无效。

（二）支票的填制要求

1. 支票一律记名。即签发的支票必须注明收款人名称，并只准收款人或签发人向银行办理转账或提取现金

2. 提示付款期：自出票日起 10 日，超过者，持票人开户银行不予受理，付款人不予付款

3. 签发支票应使用碳素墨水或墨汁填写。支票大小写金额、签发日期和收款人不得更改，其他内容如有更改，必须由签发人加盖预留银行印鉴

4. 签发日期应写实际出票日期，支票正联出票日期必须使用中文大写，支票存根部分出票日期可用阿拉伯数字书写。在支票正联用大写填写出票日期时，为防止变造支票的出票日期，在填写月、日时应注意

（1）月为壹、贰和壹拾的。日为壹至玖、壹拾、贰拾和叁拾的，应在其前加"零"。

（2）日为拾壹至拾玖的，应在其前加"壹"。

5. 大写金额应紧接"人民币"书写，不得留有空白，以防加填；大小写金额要对应，要按规定书写；阿拉伯小写金额数字前面，均应填写人民币符号"￥"；阿拉伯小写金额数字要认真填写，不得连写分辨不清；如实写明用途，存根联与支票正联填写的用途应一致。在签发人签章处按预留银行印鉴分别签章，签章不能缺漏

6. 支票签发后，将支票从存根联与正联之间骑缝线剪开，正联交给收款人办理提现或转账，存根联留下作为记账依据

7. 禁止签发空头支票、与预留印鉴不符的支票以及支付密码错误的支票，违者银行予以退票并按票面金额处以 5% 但不低于 1000 元的罚款，持票人有权要求出票人赔偿支票金额的 2% 的赔偿金，对屡次签发的，银行应停止其签发支票

8. 支票丧失，可申请挂失。挂失前已经支付的，银行不予受理；已签发的转账支票遗失，银行不受理挂失，但可以请求收款人协助防范

三、支票结算业务处理程序

（一）现金支票的处理程序

现金支票一般用于提取现金，很少用于对外结算，这里只介绍提取现金时出纳处理业务程序。

1. 填写支票。按要求正确填写现金支票，并由印鉴管理人员在支票的正联加盖预留银行印鉴，如果收款人是单位，再在背面加盖收款单位预留印鉴，之后凭现金支票正联直接到开户银行提取现金。如果收款人是个人则在背面不盖章，背面写上自己的身份证号和发证机关名称，凭身份证和现金支票正联到银行提现

2. 传递凭证。将支票存根传递给制单员编制记账凭证

3. 登记日记账。根据审核无误的记账凭证登记现金和银行存款日记账

同学们看看你填写的现金支票正确吗？河北苏宁有限公司出纳首先应填写现金支票。

表1　　　　　　　　　　　　　　　现金支票正面

中国建设银行（冀）现金支票存根 No.33306452	中国建设银行**现金支票**（冀）　No.33306452
附加信息	出票日期（大写）贰零壹肆年零壹月零壹拾日　付款行名称：建行机场路支行
	收款人：河北苏宁有限公司　　出票人账号：160066356799
出票日期　2014年1月10日	人民币（大写）壹拾万元整　　￥100000000（百十万千百十元角分）
收款人：河北苏宁有限公司	用途：发放工资
金　额：￥100000	上列款项请从我账户内支付
用　途：发放工资	出票人签章　　　复核　　记账
单位主管　　会计	本支票付款期限十天

表2   现金支票背面

附加信息:			根据《中华人民共和国票据法》等法律法规的规定，签发空头支票由中国人民银行处以票面金额5%但不低于1000元的罚款。
	河北苏宁有限责任公司 财务专用章 玉王印国 收款人签章 2014年1月10日	（贴粘单处）	
身份证件名称： 发证机关：			
号 码			

然后出纳将现金支票存根传递给制单员编制记账凭证。

表3   记账凭证   记字第1号
2014年1月10日   附件 壹 张

摘　　要	会 计 科 目		借 方 金 额	贷 方 金 额	记账符号
	总 账 科 目	明 细 科 目	百 十 万 千 百 十 元 角 分	百 十 万 千 百 十 元 角 分	
从银行提现	库存现金		1 0 0 0 0 0 0 0		
	银行存款			1 0 0 0 0 0 0 0	
合计金额			¥1 0 0 0 0 0 0 0	¥1 0 0 0 0 0 0 0	

最后出纳根据记账凭证登记现金和银行存款日记账。

（二）转账支票的结算程序

1. 付款方出纳处理业务程序

（1）填写支票。按要求正确填写转账支票，并由印鉴管理人员在支票的正联加盖预留银行印鉴。

（2）传递凭证。将加盖银行预留印鉴的支票正联交给收款人，将支票存根传递给制单员编制记账凭证。

（3）登记银行存款日记账。根据审核无误的记账凭证登记现金和银行存款日记账。

2. 收款方出纳处理业务程序

（1）审核收到的转账支票。出纳人员收到转账支票，应注意审核的内容是：支票收款人或背书人是否是本企业；支票的出票日期是否在付款期内；大小写金额是否一致；背书转让的支票其背书是否连续；签发人签章是否齐全；大小写金额、签发日期收款人有无更改。

（2）传递凭证。将审核无误的支票传递给印鉴管理人员，由其在背面加盖预留银行印鉴。

（3）填写进账单。进账单分为两联式和三联式。两联式进账单的第一联为回单，第二联为贷方凭证，由收款人开户银行作贷方凭证；三联式进账单第一联为回单，是出票人开户银行交给出票人的回单；第二联为贷方凭证，由收款人开户银行作贷方凭证；第三联为收账通知，是收款人开户银行交给收款人的收账通知。

进账单的填写要求
· 交款日期小写，是受理当日；
· 出票人：支票的出票人；账号及开户行要与全称一致；
· 收款人（持票人）：票面上的收款人，如果有背书则是最后一手被背书人；账号及开户行要与全称一致；
· 金额大小写要规范并一致，并必须与进账的票据上的金额一致。

表 4　　　　　　中国建设银行　进账单　（回单）2
2013 年 09 月 14 日　　　　　Ⅰ 0009914708

出票人	全称	客户单位信息1	收款人	全称	客户单位信息2										
	账号	账号1		账号	7777777777777										
	开户银行	开户行1		开户银行	杭州银行××支行										
人民币（大写）壹万贰仟叁佰肆拾伍元整						亿	千	百	十	万	千	百	十元	角	分
									￥	1	2	3	45	0	0
票据种类	转	票据张数	1												
票据号码															
单位 主管　会计　复核　记账				开户银行签章											

此联是开户银行交给持（出）票人的回单

（4）办理进账。将支票正联和进账单交给开户银行委托银行收款。

（5）再传递凭证。将银行受理后的进账单回单联传递给制单员编制记账凭证。

（6）登记银行存款日记账。根据审核无误的记账凭证登记现金和银行存款日记账。

四、支票挂失与退票

（一）支票挂失

在实际工作中如果不慎将已签发的现金支票遗失，应立即到银行办理挂失止付。挂失程序是：

1. 向开户银行提交挂失止付通知书

2. 经开户行查询支票未支付后，在挂失的第二天起 3 天内向法院申请催告或诉讼

3. 向开户银行提供申请催告或诉讼的证明

4. 3 天期满后的 12 天内，开户银行收到法院的停止支付通告，完成挂失支付的程序

按照规定，对于已签发的转账支票遗失，银行不予挂失，但付款单位可请求收款单位协助防范。

（二）支票退票

1. 支票退票的概念

支票退票是指银行认为该支票的款项不能进入收款人的账户而将支票退回。

2. 支票退票的原因

支票退票的原因主要有两方面：一是付款单位存款数额不足以支付票款（空头支票）；二是支票记载内容不完整、书写不规范。发生退票时，银行将出具"退票理由书"，连同支票和进账单一并退给签发人或收款人。

（三）转账支票背书转让

1. 背书的概念

背书是指票据持有人将票据权利转让给他人的一种票据行为。其中票据权利是指票据持有人向票据债务人直接请求支付票据中所规定金额的权利。通过背书转让其权利的人称为背书人，接受经过背书汇票的人就被称为被背书人。由于这种票据权利的转让，一般都是在票据的背面（如果记在正面就容易和承兑、保证等其他票据行为混淆）进行的，所以叫做背书支票仅限于在其票据交换区域内背书转让。

2. 背书的种类

背书以背书的目的为标准，可分为转让背书和非转让背书两类。

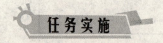 任务实施

模拟实训

实训目的

通过现金和转账支票业务的模拟实训，使学生会填写与支票业务有关的原始凭证，能

够准确填制记账凭证，能够根据经审核无误的会计凭证逐日逐笔的登记现金和银行存款日记账，做到日清月结。

实训材料

配有相关原始凭证，自备记账凭证、现金日记账、银行存款日记账等。

实训要求

1. 办理现金支票结算业务，准确填制原始凭证。

2. 办理转账支票结算业务，准确填制原始凭证。

3. 填写记账凭证，登记现金和银行存款日记账。

实训资料

企业概况

企业名称：河北振华有限公司

法定代表人：刘振华

注册地址：石家庄市机场路 158 号　　　电话：0311－82866126

开户银行：建行石家庄机场路支行

账号：160066356798

纳税人类型：一般纳税人

银行存款日记账余额：850000 元

业务资料

2014 年 1 月河北振华有限公司发生以下有关支票结算业务：

1.1 月 7 日提现备用，开出现金支票一张，票号 XII3576805，金额 3400 元。请先填写"支票领用登记簿"和"现金支票"，并填写记账凭证

表5　　　　　　　　　　　　　　　　　现金支票

| 中国建设银行(冀)
现金支票存根

No.XII3576805

附加信息

出票日期　年　月　日

收款人：

金　额：

用　途：

单位主管　　会计 | 本支票付款期限十天 | 中国建设银行**现金支票**(冀)　　　No.XII3576805

出票日期（大写）　　年　月　日　　付款行名称：

收款人：..................　　出票人账号：

人民币
（大写）　　　　　　　　　　　百 十 万 千 百 十 元 角 分

用途：

上列款项请从

我账户内支付
　　　　　　　　　　　　　复核　　记账

出票人签章 |

续　表

附加信息:		(贴粘单据处)	根据《中华人民共和国票据法》等法律法规的规定，签发空头支票由中国人民银行处以票面金额5%但不低于1000元的罚款。
	收款人签章 年　月　日		
身份证件名称：　　发证机关：			
号码 □□□□□□□□□□□			

表6　　　　　　　　　　　　　　支票领用登记簿

日期	支票类型	支票号码	收款单位	金额	信用人	核准人

表7　　　　　　　　　　　　　　记账凭证　　　　　　　　　　　记字第　号
　　　　　　　　　　　　　　　　　年　月　日　　　　　　　　　　附件　张

摘　　要	会　计　科　目		借　方　金　额	贷　方　金　额	记账符号
	总账科目	明细科目	百十万千百十元角分	百十万千百十元角分	
合计金额					

2.1月11日收到河北苏宁有限公司（付款行名称：建行机场路支行，出票人账号：160066356712）转账支票一张（票号：No.33306451）50000元，偿付之前所欠货款，当

日存入公司银行账户

（1）出纳员填写进账单，将转账支票送交本公司开户银行进账，银行盖"转讫"章。将进账单回单联带回，做收款凭据。

表8   转账支票

中国建设银行转账支票（冀）　　No. XII3576805

出票日期（大写)贰零壹肆年零壹月壹拾壹日　　　付款行名称：建行机场路支行

收款人：河北振华有限公司　　　　　　　　　出票人账号：160066356712

本支票付款期限十天	人民币（大写）	伍万元整	百	十	万	千	百	十	元	角	分
				¥	5	0	0	0	0	0	0
	用途：偿还前欠货款 上列款项请从 我账户内支付 出票人签章						复核　　记账				

表9   中国建设银行　进账单　（回单）1
年　月　日

出票人	全称		收款人	全称											此联是收款人开户银行交持票人的回单
	账号			账号											
	开户银行			开户银行											
金额	人民币（大写）					千	百	十	万	千	百	十	元	角	分
票据种类		票据张数													
票据号码															
	复核　　记账							开户银行签章							

（2）回单联经财务负责人审核后传递给制单员填制记账凭证。

表10

记账凭证

记字第　号

年　月　日

附件　张

摘　要	会 计 科 目		借 方 金 额										贷 方 金 额										记账符号
	总账科目	明细科目	百	十	万	千	百	十	元	角	分	百	十	万	千	百	十	元	角	分		
	合计金额																					

　3. 2014 年 1 月 22 日，向北京鸿发有限责任公司（开户行：建行北京东城支行；账号：814532056237 12301，纳税人识别号：320105783624167，地址：北京市安静路 302 号）销售服装一批，货款共计 5000000 元，增值税 850000 元，收到 1 张对方开具的转账支票，已送存银行

　（1）出纳员填写进账单，将转账支票送交本公司开户银行进账，银行盖"转讫"章。将进账单回单联带回，做收款凭据。转账支票略。

表 11

中国建设银行　进账单　（回单）1

年　月　日

出票人	全称		收款人	全称											此联是收款人开户银行交持票人的回单
	账号			账号											
	开户银行			开户银行											
金额	人民币（大写）				千	百	十	万	千	百	十	元	角	分	
票据种类		票据张数													
票据号码															
	复核　　　记账					开户银行签章									

（2）回单联经财务负责人审核后，和增值税发票一起传递给制单员填制记账凭证。

表12　　　　　　　　　　　　**河北省增值税专用发票**

记 账 联　　　　　　　　　　　　　　　　　No. 10180292

开票日期　　2014 年 1 月 22 日

购货单位	名　　　　称：北京鸿发有限责任公司 纳税人识别号：320105783624167 地址、电话：北京市安静路302号 开户银行及账号：建行北京东城支行 81453205623712301					密码区	4<0/0*31*6<2+7703+6 加密版 本号：01/ 1-1-09881019>990/0+8 6845/3<0211+-+0191312 440004314 4<0676->>2-23/186>>-1 0180234		
货物及应税劳务名称	规格型号	单位	数量	单价		金额	税率		税额
工装		套	25000	200.00		5000000	17%		850000
合计						￥5000000.00			￥850000
价税合计（大写）	伍佰捌拾伍万元整					（小写）￥5850000.00			
销货单位	名　　　　称：河北振华有限公司 纳税人识别号：1301178845678 地址、电话：机场路158号0311-82866126 开户银行及账号：建行机场路支行160066356798					备注			

第一联　记账联　销货方记账凭证

表 13　　　　　　　　　　　　**产品出库单**

购货单位：北京鸿发有限责任公司　　　2014 年 1 月 22 日　　　　　　　销字第 055 号

商品名称及规格	单位	数量
工装	套	2500
合　计		2500

第二联　会计记账

表14

记账凭证

年 月 日

记字第 号

附件 张

摘　要	会　计　科　目		借　方　金　额									贷　方　金　额									记账符号
	总账科目	明细科目	百	十	万	千	百	十	元	角	分	百	十	万	千	百	十	元	角	分	
合计金额																					

4. 2014 年 1 月 29 日，从北京华谊家具有限公司（开户银行：建行北京徐东分行；账号：26458436423）购入办公用家具一套，价值 20000 元，开出转账支票 1 张，票号：33888992，支付购货款。相关业务凭证如下

（1）开具 1 张转账支票。

表 15

转账支票

中国建设银行(冀) 转账支票存根 No.33888992 附加信息 出票日期　年 月 日 收款人： 金　额： 用　途： 单位主管　　会计	本支票付款期限十天	中国建设银行**转账支票**(冀)　　No.33888992 出票日期（大写）　　年 月 日　　付款行名称： 收款人：_____　　出票人账号： 人民币 （大写）　　亿 千 百 十 万 千 百 十 元 角 分 用途：_____ 上列款项请从 我账户内支付 出票人签章　　　　　复核　　记账

（2）根据所给资料填制记账凭证。

表16

记账凭证

年 月 日

记字第 号

附件 张

摘 要	会 计 科 目		借 方 金 额										贷 方 金 额										记账符号
	总账科目	明细科目	百	十	万	千	百	十	元	角	分	百	十	万	千	百	十	元	角	分		
合计金额																						

5. 登记银行存款日记账，计算本月银行存款余额

表17

银行存款日记账

年		凭证		摘 要	对方科目	收入（借方）	支出（贷方）	结余（余额）
月	日	种类	号数					

任务二 银行汇票的核算训练

任务导入

2014 年 2 月 18 日，河北振华有限公司从江苏泰和有限公司（开户银行：工行青年路支行，账号：32056237123，纳税人识别号：320105783624167，住址：南京市青年路302号）购买一批材料，货款 4000 元，增值税 680 元，以银行汇票支付。同学们你们知道该如何处理吗？

 任务引领

一、银行汇票概述

银行汇票是汇款人将款项交存当地出票银行，由出票银行签发的，由其在见票时，按照实际结算金额无条件支付给收款人或持票人的票据。单位和个人各种款项的结算，均可使用银行汇票。

（一）银行汇票的特点

1. 适用范围广

银行汇票是目前异地结算中较为广泛采用的一种结算方式。这种结算方式不仅适用于在银行开户的单位、个体经济户和个人，而且适用于未在银行开立账户的个体经济户和个人。凡是各单位、个体经济户和个人需要在异地进行商品交易、劳务供应和其他经济活动及债权债务的结算，都可以使用银行汇票。并且银行汇票既可以用于转账结算，也可以支取现金。

2. 票随人走，钱货两清

实行银行汇票结算，购货单位交款，银行开票，票随人走；购货单位购货给票，销售单位验票发货，一手交票，一手交货；银行见票付款，这样可以减少结算环节，缩短结算资金在途时间，方便购销活动。

3. 信用度高，安全可靠

银行汇票是银行在收到汇款人款项后签发的支付凭证，因而具有较高的信誉，银行保证支付，收款人持有票据，可以安全及时地到银行支取款项。而且银行内部有一套严密的处理程序和防范措施，只要汇款人和银行认真按照汇票结算的规定办理，汇款就能保证安全。一旦汇票丢失，如果确属现金汇票，汇款人可以向银行办理挂失，填明收款单位和个人，银行可以协助防止款项被他人冒领。

4. 使用灵活，适应性强

实行银行汇票结算，持票人可以将汇票背书转让给销货单位，也可以通过银行办理分次支取或转让，另外还可以使用信汇、电汇或重新办理汇票转汇款项，因而有利于购货单位在市场上灵活地采购物资。

5. 结算准确，余款自动退回

一般来讲，购货单位很难准确信定具体购货金额，因而出现汇多用少的情况是不可避免的。在有些情况下，多余款项往往长时间得不到清算从而给购货单位带来不便和损失。而使用银行汇票结算则不会出现这种情况，单位持银行汇票购货，凡在汇票的汇款金额之内的，可根据实际采购金额办理支付，多余款项将由银行自动退回。这样可以有效地防止交易尾欠的发生。

（二）银行汇票的使用范围和用途

1. 范围

银行汇票是出票银行签发的，由其在见票时按照实际结算金额无条件支付给收款人或者持票人的票据。单位和个人各种款项结算，均可使用银行汇票。银行汇票可以用于转账，填明"现金"字样的银行汇票也可以用于支取现金。

2. 用途

银行汇票可以用于转账，填明"现金"字样的银行汇票也可以用于支取现金。申请人或者收款人为单位的，不得在"银行汇票申请书"上填明"现金"字样。

（三）银行汇票的格式

银行汇票一式四联：

第一联为"卡片"，为承兑行支付票款时作付出传票；如表 18 所示。

表 18　　　　　中国建设银行

银 行 汇 票（卡片）1　　　10200042
　　　　　　　　　　　　　　20088059

提示付款期限自出票之日起壹个月	出票日期（大写）　　年　月　日	代理付款行：											行号：	此联出票行结清汇票时作汇出汇款借方凭证
	收款人：	账号：												
	出票金额　人民币（大写）													
	实际结算金额　人民币（大写）			千	百	十	万	千	百	十	元	角	分	
	申请人：	账号：												
	出票行：　　　行号：													
	备注：													
	复核　　经办		复核　　记账											

第二联为"银行汇票"，与第三联解讫通知一并由汇款人自带，在兑付行兑付汇票后此联做联行往来账付出传票；如表 19 和表 20 所示。

表 19

中国建设银行

银行汇票 2

10200042
20088059

提示付款期限自出票之日起壹个月

出票日期（大写） 年 月 日	代理付款行： 行号：										
收款人：	账号：										
出票金额 人民币（大写）											
实际结算金额 人民币（大写）		千	百	十	万	千	百	十	元	角	分

此联代理付款行付款后作联行往账借方凭证附件

申请人：＿＿＿＿ 账号：＿＿＿＿

出票行：＿＿＿＿ 行号：＿＿＿＿

备注：＿＿＿＿

凭票付款

出票行签章

密押：										
多余金额										
千	百	十	万	千	百	十	元	角	分	复核 记账

表 20

银行汇票第二联背面

被背书人	被背书人
背书人签章 年 月 日	背书人签章 年 月 日

贴粘单处

持票人向银行提示付款签章：

身份证件名称： 发证机关：

号码																	

第三联为“解讫通知”，在兑付行兑付后随报单基签发行，由签发行做余款收入传票；如表 21 所示。

表 21

中国建设银行

银行汇票　（解讫通知）　**3**

10200042
20088059

此联代理付款行兑付后随报单寄出票行由出票行作多余款贷方凭证

出票日期（大写）		年　　月　　日	代理付款行：		行号：										

提示付款期限自出票之日起壹个月

收款人：		账号：

出票金额	人民币（大写）													

实际结算金额	人民币（大写）	千	百	十	万	千	百	十	元	角	分

申请人：		账号：

出票行：＿＿＿＿　　行号：＿＿＿＿

密押：

备注：＿＿＿＿＿＿＿＿＿＿＿＿＿＿

代理付款行签章

多余金额

千	百	十	万	千	百	十	元	角	分

复核　　记账

复核　　记账

第四联为"多余款收账通知"，并在签发行结清后交汇款人，如表 22 所示。

表 22

中国建设银行

银行汇票　**2**

10200042
20088059

此联出票行结清多余款后交申请人

出票日期（大写）		年　　月　　日	代理付款行：		行号：

提示付款期限自出票之日起壹个月

收款人：		账号：

出票金额	人民币（大写）													

实际结算金额	人民币（大写）	千	百	十	万	千	百	十	元	角	分

申请人：		账号：

出票行：＿＿＿＿　　行号：＿＿＿＿

密押：

备注：＿＿＿＿＿＿＿＿＿＿＿＿＿＿

凭票付款

出票行签章

多余金额

千	百	十	万	千	百	十	元	角	分

复核　　记账

（四）银行汇票必须记载的内容

1. 收款人姓名或单位
2. 汇款人姓名或单位
3. 签发日期（发票日）
4. 汇款金额、实际结算金额、多余金额
5. 汇款用途
6. 兑付地、兑付行、行号
7. 付款日期

（五）银行汇票结算的有关规定

1. 银行汇票一律记名
2. 银行汇票的提示付款期限自出票日起1个月，这里所说的付款期，是指从签发之日起到办理兑付之日止的时期。这里所说的一个月，是指从签发日开始，不论月大月小，统一到下月对应日期止的一个月。比如签发日为3月5日，则付款期到4月5日止。如果到期日遇节假日可以顺延。逾期的汇票，兑付银行将不予办理
3. 银行汇票无起点金额限制

二、银行汇票结算业务的处理程序

（一）付款方出纳处理业务程序

1. 正确填写银行汇票申请书，银行汇票申请书是一式三联，第一联是存根联，此联由申请人留存。第二联是"借方凭证联"，此联为出票银行内部使用凭证。第三联是"贷方凭证联"，此联为出票银行内部使用凭证。如果申请人用现金办理银行汇票，可以注销第二联

表 23　　　　　　　　　　　　　银行汇票申请书（存根）

工商银行　　银行汇票申请书(存根)												
申请日期　2006年6月22日								第 1 号				
申请人	武汉市鑫源打印设备销售公司		收款人	江苏鸿发有限责任公司								
账　号 或住址	43674228781		账　号 或住址	32056237123								
用　途	支付送货款		代理 付款行	工行永安里支行								
汇票金额	人民币 (大写)	伍仟零叁拾壹元整		千	百	十	万	千	百	十	元	角	分
							¥	5	0	3	1	0	0

上列款项请从我账户内支付

科　目(借)＿＿＿＿＿＿＿＿＿＿＿
对方科目(贷)＿＿＿＿＿＿＿＿＿＿＿
转账日期　　　　　　年 月 日

申请人盖章　　　　　复核　　　　记账

此联申请人留存

　　如果汇款单位用现金或银行存款办理银行汇票，则财务部门在收到银行签发的银行汇票后根据"银行汇票委托书"第一联存根联编制现金或银行存款付款凭证，其会计分录为：

　　借：其他货币现金——银行汇票
　　　　贷：库存现金或银行存款

　　对于银行按规定收取的手续费和邮电费，汇款单位应根据银行出具的收费收据，用现金支付的编制现金付款凭证，从其账户中扣收的编制银行存款付款凭证。其会计分录为：

　　借：财务费用
　　　　贷：现金或银行存款

　　【练一练】2008 年 6 月 24 北京市中环电器公司（开户行：工行北京长安支行，账号：81451058675081002）向北京市华大科技公司（开户行：工商朝阳支行，账号：81420452763411443）外购电热元件一批，货款 5000 元。请填写"银行汇票申请书"。

表24   中国建设银行汇票申请书（存根）   1

申请日期   年   月   日   No. 1075120

申请人		收款人		此
账　号 或住址		账　号 或住址		联 申 请
用途		代　理 付款行		人 留
汇票金额	人民币 （大写）		千 百 十 万 千 百 十 元 角 分 	存
备注		科　　目＿＿＿＿＿＿＿ 对方科目＿＿＿＿＿＿＿ 财务主管　　复核　　经办		

2. 申请办理银行汇票。将一式三联的银行汇票申请书递交给银行柜员，银行柜员在办妥转账或收妥款项后，据以签发银行汇票。银行柜员将办理好的银行汇票第二联、第三联与银行汇票申请书的回单联交给申请人

3. 传递凭证。将办理好的银行汇票交给单位有关人员持往异地办理结算，将汇票申请书的回单联交给制单员编制记账凭证。若款项有多余，出纳将银行转来的第四联再传递给制单员编制记账凭证

假设付款方用于采购材料，则分录为：

借：材料采购

　　应交税费—应交增值税—进项税额

　　贷：其他货币资金—银行汇票

收回多余款：

借：银行存款

　　贷：其他货币资金——银行汇票

4. 登记银行存款日记账和其他货币资金明细账。根据审核无误的记账凭证登记银行存款日记账和其他货币资金明细账

（二）收款方出纳处理业务程序

1. 审核收到的银行汇票

2. 填写结算金额及银行汇票背面信息

审核无误后再汇款金额内根据实际需要的款项办理结算，将实际结算金额和多余金额准确、清晰地填入银行汇票的第二联和第三联。全额解付的银行汇票在多余金额栏内写"0"字，并由印鉴管理人员在银行汇票的第二联和第三联的背面加盖预留银行印鉴。

3. 填写进账单办理进账

根据实际结算金额填写进账单,将填好的一式三联进账单连同银行汇票的第二联和第三联交给银行。

4. 传递凭证

收款人开户银行办妥进账手续后,通知收款人收款入账,出纳将开户银行退回的进账单"收账通知"联传递给制单员编制记账凭证。

借:银行存款

　　贷:主营业务收入

　　　　应交税费—应交增值税—销项税

5. 登记银行存款日记账

根据审核无误的记账凭证登记银行存款日记账。

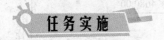 任务实施

模拟实训

实训目的

通过银行汇票业务的模拟实训,使学生会填写与银行汇票业务有关的原始凭证,能够准确填制记账凭证,能够根据经审核无误的会计凭证逐日逐笔的登记现金和银行存款日记账,做到日清月结。

实训材料

配有相关原始凭证,自备记账凭证、现金日记账、银行存款日记账等。

实训要求

1. 办理银行汇票结算业务,准确填制原始凭证。

2. 填写记账凭证,登记现金和银行存款日记账。

实训资料

企业概况

企业名称:河北振华有限公司

法定代表人:刘振华

注册地址:石家庄市机场路 158 号　　电话:0311 - 82866126

开户银行:建行石家庄机场路支行

账号:160066356798

纳税人类型:一般纳税人

银行存款日记账余额:950000 元

业务资料

2014 年 2 月河北振华有限公司发生以下有关支票结算业务:

1. 通过上面的学习同学们知道任务导入中银行汇票业务怎么处理了吗?我们一起试试吧!

(1) 出纳员复核增值税专用发票,填写"银行汇票申请书",经银行受理,将汇票 2、3 联交业务员经办人员,存根联留存。

表25　　　　　　　　**河北省增值税专用发票**

3300132130　　　　　　　　　　抵　扣　联　　　　　　No. 18000556

开票日期　　2014 年 2 月 18日

购货单位	名　　　　称：	河北振华有限公司				密码区		(略)	
	纳税人识别号：	1301178845678							
	地址、电话：	石家庄机场路158号0311-82866126							
	开户银行及账号：	建行机场路支行　160066356798							
货物或应税劳务名称	规格型号	单位	数量	单价	金额		税率	税额	
材料		米	200	20.00	4000.00		17%	680.00	
合计					￥4000.00			￥680.00	
价税合计（大写）		肆仟陆佰捌拾元整			(小写) ￥4680.00				
销货单位	名　　　　称：	江苏泰和有限公司			备注				
	纳税人识别号：	320105783624167							
	地址、电话：	南京市青年路302号							
	开户银行及账号：	工行青年路支行 32056237123							

第二联　抵扣联　购货方扣税凭证

收款人：　　　　　复核：　　　　　开票人：　　　　　销货单位(章)：

表 26　　　　　**中国建设银行汇票申请书（存根）**　　1

申请日期　　　年　　月　　日　　　　No. 1075120

申请人		收款人												
账　号或住址		账　号或住址												
用途		代理付款行												
汇票金额	人民币（大写）		千	百	十	万	千	百	十	元	角	分		
备注		科　目＿＿＿＿＿＿＿＿												
		对方科目＿＿＿＿＿＿＿												
		财务主管　　复核　　经办												

此联申请人留存

　　（2）将汇票申请书的回单联交给编制记账凭证，制单员根据审核后的原始凭证填制记账凭证。

表27   **记账凭证**   记字第 号

年 月 日   附件 张

摘　　要	会 计 科 目		借 方 金 额										贷 方 金 额										记账符号
	总 账 科 目	明 细 科 目	百	十	万	千	百	十	元	角	分	百	十	万	千	百	十	元	角	分	
合计金额																					

（3）假设实际结算金额为 4600 元，制单员还要根据银行转来的多余款通知填写记账凭证。

表 28   **中国建设银行**

银行汇票（多余款收账通知） **4**

出票日期（大写） 年 月 日	代理付款行：	行号：

提示付款期限自出票之日起壹个月

收款人：	账号：									
出票金额 人民币（大写）										
		千	百	十	万	千	百	十	元	角	分
实际结算金额 人民币（大写）										

申请人：_____   账号：_____

出票行：_____ 行号：_____

备注：_____   密押：   左列退回多余款金额已收入你账户内。

出票行签章

年 月 日

此联出票行结清多余款后交申请人

表29

记账凭证

年 月 日

记字第 号

附件 张

摘 要	会 计 科 目		借 方 金 额									贷 方 金 额									记账符号
	总账科目	明细科目	百	十	万	千	百	十	元	角	分	百	十	万	千	百	十	元	角	分	
合计金额																					

2. 2014 年 2 月 18 日，河北振华有限公司向江苏泰和公司（开户行：工行南京青年路支行，账号 32056237123，住址南京市青年路 302 号）销售服装一批，货款共计 600000 元，增值税 102000 元，收到一张对方开具的银行汇票，已经送存银行

（1）请根据增值税专用发票填写这张银行汇票，并填写进账单办理进账。

表30

河北省增值税专用发票

3300132130

抵 扣 联

No. 18000556

开票日期 2014 年 2 月 18 日

购货单位	名　　　称：江苏泰和有限公司 纳税人识别号：320105783624167 地址、电话：南京市青年路302号 开户银行及账号：工行青年路支行 32056237123						密码区	（略）	
货物或应税劳务名称	规格型号	单位	数量	单价	金额		税率	税额	
服装		套	3000	200.00	600000.00		17%	102000.00	
合计					￥600000.00			￥102000.00	
价税合计（大写）	柒拾万贰仟元整				（小写）￥702000.00				
销货单位	名　　　称：河北振华有限公司 纳税人识别号：1301178845678 地址、电话：石家庄机场路158号0311-82866126 开户银行及账号：建行机场路支行 160066356798						备注		

收款人：　　　　复核：　　　　开票人：　　　　　　　销货单位(章)：

第二联 抵扣联 购货方扣税凭证

表 31

中国建设银行

银行汇票 2

10200042
20088059

出票日期（大写）	年　月　日	代理付款行：　　　　行号：
收款人：		账号：
出票金额 人民币（大写）		千 百 十 万 千 百 十 元 角 分
实际结算金额 人民币（大写）		千 百 十 万 千 百 十 元 角 分

申请人：＿＿＿＿＿　　账号：＿＿＿＿＿

出票行：＿＿＿＿＿　行号：＿＿＿＿＿

备注：＿＿＿＿＿

凭票付款

出票行签章

密押：

多余金额

千 百 十 万 千 百 十 元 角 分

复核　　　记账

提示付款期限自出票之日起壹个月

此联出票行结清多余款后交申请人

表 32

银行汇票第二联背面

被背书人	被背书人
背书人签章 年 月 日	背书人签章 年 月 日

贴粘单处

持票人向银行

提示付款签章：

身份证件名称：　　　发证机关：

号码

表 33　　　　　　　　　　　　　**中国建设银行**

银 行 汇 票（解讫通知）**3**

此联代理付款行兑付后随报单寄出票行由出票行作多余款贷方凭证

出票日期（大写）	年　月　日	代理付款行：						行号：					
收款人：		账号：											
出票金额	人民币（大写）												
实际结算金额	人民币（大写）			千	百	十	万	千	百	十	元	角	分

提示付款期限自出票之日起壹个月

申请人：_____　　账号：_____

出票行：_____　行号：_____

备注：_____　　　　　　　密押：

代理付款行签章

复核　　记账　　　　　　　　　　　　复核　　记账

表 34　　　　　　　**中国建设银行　进账单　（回单）1**

年　月　日

此联是收款人开户银行交持票人的回单

出票人	全称		收款人	全称		千	百	十	万	千	百	十	元	角	分
	账号			账号											
	开户银行			开户银行											
金额	人民币（大写）														
	票据种类			票据张数											
										开户银行盖章					

（2）制单员根据相关原始凭证填写记账凭证。

表35   **记账凭证**   记字第 号

年 月 日   附件 张

摘　要	会　计　科　目		借　方　金　额									贷　方　金　额									记账符号
	总账科目	明细科目	百	十	万	千	百	十	元	角	分	百	十	万	千	百	十	元	角	分	
合计金额																					

（3）出纳员根据财务负责人审核无误后的记账凭证，登记银行存款日记账。

表36   **银行存款日记账**

年		凭证		摘　要	对方科目	收入（借方）	支出（贷方）	结余（余额）
月	日	种类	号数					

三、银行汇票的基本程序流程图

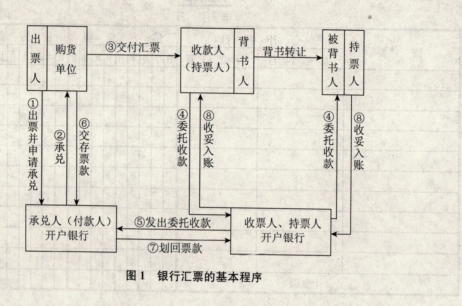

图 1　银行汇票的基本程序

银行汇票确切地说是经过银行承兑的汇票，比支票更有资金保证。银行汇票大多用于异地结算，但同城也可以使用，可是没多大必要。支票的背书转让的规定同银行汇票。支票和银行汇票的区别如下：

1. 签发人不同

支票：出票人签发　　　　　　　　银行汇票：银行签发

2. 结算区域不同

支票：同城　　　　　　　　　　　　银行汇票：异地

3. 有效期不同

支票：10 日　　　　　　　　　　　银行汇票：一个月

4. 背书转让规定不同

支票：现金支票一般不允许背书转让银行汇票：可以背书转让

5. 其他

支票：现金支票可提现，转账支票可转账。

银行汇票：既可提现，又可转账。

任务三　商业汇票的核算训练

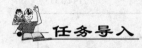

支票一般适用于同城，银行汇票一般适用于异地，那么商业汇票的适用范围又是什么呢，今天我们就一起走进商业汇票的学习吧！

一、商业汇票概述

商业汇票是由收款人、付款人或承兑申请人签发由承兑人承兑并于到期日向收款人或被背书人支付票款的一种票据。所谓承兑是指票据的付款人愿意承担起票面金额的支付义务的行为。

（一）种类

按其承兑人的不同商业汇票可分为商业承兑汇票和银行承兑汇票两种。商业承兑汇票是由付款人承兑；银行承兑汇票由付款人开户银行承兑，承兑银行按票面金额向付款人收取万分之五的承兑手续费。商业银行的承兑人负有到期无条件支付票款的责任。

（二）适用范围

商业汇票结算方式适用于企业先发货、后收款或者是双方约定近期付款的商品交易同城和异地均可使用。

（三）提示付款期

商业汇票承兑期限最长不得超过 6 个月。

（四）商业汇票联次

表37 　　　　　　　　　　　商业承兑汇票（卡片）　**1** 　　　　　　　00100062

出票日期　　年　　月　　日 　　　　　　　　　　20147351

付款	全称		收款	全称	
	账号			账号	
	开户银行			开户银行	
出票金额	人民币（大写）			千 百 十 万 千 百 十 元 角 分	
汇票到期日（大写）			付款人开户行	行号	
交易合同号码				地址	
			备注		

此联承兑人留存

表38 　　　　　　　　　　　　　商业承兑汇票　**2** 　　　　　　　　00100062

出票日期　　年　　月　　日 　　　　　　　　　　20147351

付款	全称		收款	全称	
	账号			账号	
	开户银行			开户银行	
出票金额	人民币（大写）			千 百 十 万 千 百 十 元 角 分	
汇票到期日（大写）			付款人开户行	行号	
交易合同号码				地址	
本汇票已经承兑，到期无条件付票款 承兑人签章 承兑日期：　年　月　日			本汇票请予以承兑于到期日付款 出票人签章		

此联持票人开户行随托收凭证寄付款人开户行作借方凭证附件

表 39　　　　　　　　　　　　商业承兑汇票第二联背面

被背书人：	被背书人：	
		贴 粘 单 处
背书人签章 年　月　日	背书人签章 年　月　日	

表 40　　　　　　　　　　　　商业承兑汇票（存根）　3　　　　　　　00100062
　　　　　　　　　　　　　　出票日期　　　年　　月　　日　　　　　　20147351

付款	全称		收款	全称												
	账号			账号												
	开户银行			开户银行												
出票金额	人民币 （大写）				千	百	十	万	千	百	十	元	角	分		此联由出票人存查
汇票到期日 （大写）			付款人 开户行	行号												
交易合同号码				地址												
备注：																

表 41　　　　　　　　　　　**银行承兑汇票（卡片）**

出票日期　　　　　年　　月　　日
（大写）

出票人全称		收款	全称	
出票人账号			账号	
付款行全称			开户银行	
汇票金额	人民币（大写）			千 百 十 万 千 百 十 元 角 分
汇票到期日（大写）		付款人开户行	行号	
承兑协议编号			地址	

　　本汇票请你行承兑，此项汇票款我单位按承兑协议于到期日前足额交存你行，到期请予以支付。

密押

出票人签章　　　　备注：　　　　　　复核　　　记账

此联承兑行留存备查，到期支付票款时作借方凭证附件

表 42　　　　　　　　　　　**银行承兑汇票　2**

出票日期　　　　　年　　月　　日
（大写）

出票人全称		收款	全称	
出票人账号			账号	
付款行全称			开户银行	
汇票金额	人民币（大写）			千 百 十 万 千 百 十 元 角 分
汇票到期日（大写）		付款行	行号	
承兑协议编号			地址	

　　本汇票请你行承兑，到期无条件付款

本汇票已经承兑，到期日由本行付款。

承兑行签章
承兑日期　年　月　日

密押

出票人签章　　　备注：　　　　　　复核　　　记账

此联收款人开户行随托收凭证寄付款行作借方凭证附件

表 43 银行承兑汇票第二联背面

被背书人：	被背书人：
背书人签章 年 月 日	背书人签章 年 月 日

贴 粘 单 处

表 44 银行承兑汇票（存根） 3

出票日期
（大写） 年 月 日

出票人全称		收款	全称											
出票人账号			账号											
付款行全称			开户银行											
汇票金额	人民币 （大写）				千	百	十	万	千	百	十	元	角	分
汇票到期日 （大写）		付款行	行号											
承兑协议编号			地址											
		备注：												

此联收款人开户行随托收凭证寄付款行作借方凭证附件

（五）商业汇票必须记载的事项

1. 表明"商业承兑汇票"或"银行承兑汇票"的字样
2. 无条件支付的委托
3. 确定的金额
4. 付款人名称
5. 收款人名称
6. 出票日期
7. 出票人签章

欠缺记载上列事项之一的，商业汇票无效。

`

二、商业承兑汇票结算业务的处理程序

(一) 付款方出纳的业务处理程序

1. 签发商业承兑汇票

由付款方签发商业承兑汇票或由收款方签发商业承兑汇票交给付款方。

2. 承兑

商业承兑汇票由付款人承兑，付款方在商业承兑汇票第二联记载"承兑"字样和承兑日期并加盖预留银行印鉴。

3. 传递凭证

将银行受理盖章后的商业承兑汇票的第一联传递给制单员制单，同时登记应付票据备查登记簿，将第二联传递给采购员，持往销货方采购，并交给销货单位。

借：材料采购
　　应交税费—应交增值税—进项税额
　贷：应付票据

4. 到期付款

商业承兑汇票到期，收到银行转来的付款通知，应在当日通知银行付款。

5. 再传递凭证

将付款通知传递给制单员制单。

借：应付票据
　贷：银行存款

6. 登记银行存款日记账

根据审核无误的记账凭证登记银行存款日记账。

(二) 收款方出纳的业务处理程序

1. 审核收到的商业承兑汇票

2. 传递凭证。将审核无误的商业承兑汇票交给制单员制单，并登记应收票据备查登记簿

借：应收票据
　贷：主营业务收入
　　　应交税费—应交增值税（销项税额）

3. 委托银行收款

持票人填制委托收款的托收凭证，并在第二联上加盖企业的预留印鉴，连托收凭证和商业承兑汇票一并交给银行，委托银行收款。款项到账后开户银行通知收款人办理收款。

4. 传递凭证

将开户银行转来的委托收款的托收凭证第四联交制单员制单。

借：银行存款
　贷：应收票据

三、银行承兑汇票结算业务的处理程序

（一）付款方出纳的业务处理程序

1. 签发银行承兑汇票

由付款人签发银行承兑汇票。

2. 承兑

由付款人委托其开户银行承兑，银行按照规定审查后与付款人签订"银行承兑协议"，按面额的 0.05％收取承兑手续费，付款方支付承兑手续后取回银行承兑汇票第二联和银行承兑协议的第二联。

3. 传递凭证

将第二联传递给采购员，持往销货方采购货物，并根据银行承兑协议第二联登记应付票据备查簿。制单员根据银行承兑汇票第一联登记记账凭证。

借：材料采购
　　　应交税费—应交增值税（进项税额）
　　贷：应付票据

4. 到期付款

银行承兑汇票到期，收到银行转来的委托收款凭证的第五联，付款方在当日通知银行付款。

5. 再传递凭证

将银行转来的托收凭证第五联交制单员制单。

借：应付票据
　　贷：银行存款

6. 登记银行存款日记账和应付票据备查登记簿

（二）收款方出纳的业务处理程序

1. 审核银行承兑汇票

审核从购货取得的银行承兑汇票第二联。

2. 传递凭证

将审核无误的银行承兑汇票传递给制单员制单，同时登记应收票据备查簿。

借：应收票据
　　贷：主营业务收入
　　　应交税费—应交增值税—销项税额

3. 委托银行收款

持票人填制委托收款的托收凭证，并在第二联加盖企业的预留印鉴，将一式五联的托收凭证连同将到期的银行承兑汇票一并交银行，委托银行收款。款项到账后开户银行通知收款人办理收款。

托收凭证一式五联，格式如下：

表 45   ICBC ⊞ 中国工商银行   **托收凭证（受理回单）**   **1**

委托日期   年 月 日   No：0234546

业务类型		委托收款（□邮划、□电划）				托收承付（□邮划、□电划）										
付款人	全 称				收款人	全 称										此联是收款人开户银行给收款人的受理回单
	账 号					账 号										
	地 址	省 市 县	开户行			地 址	省 市 县		开户行							
金额	人民币（大写）						千 百 十 万 千 百 十 元 角 分								
款项内容			托收凭据名 称				附寄单证张数								
商品发运情况			合同名称号码												
备注：			款项收妥日期				收款人开户银行签章								
复核 记账			年 月 日				年 月 日								

表 46   ICBC ⊞ 中国工商银行   **托收凭证（贷方凭证）**   **2**

委托日期   年 月 日   No：0234546

业务类型		委托收款（□邮划、□电划）				托收承付（□邮划、□电划）										
付款人	全 称				收款人	全 称										此联是收款人开户银行作贷方凭证
	账 号					账 号										
	地 址	省 市 县	开户行			地 址	省 市 县		开户行							
金额	人民币（大写）						千 百 十 万 千 百 十 元 角 分								
款项内容			托收凭据名 称				附寄单证张数								
商品发运情况			合同名称号码												
备注：			上列款项随附有关债务证明，请预办理。												
收款人开户银行收到日期　年 月 日			收款人签章				复核 记账								

表 47　　　ICBC🏛中国工商银行　　托收凭证（借方凭证）　3

No：0234546

委托日期　　年　月　日　　付款期限　　年　月　日

业务类型		委托收款（□邮划、□电划）			托收承付（□邮划、□电划）									
付款人	全　称				收款人	全　称								
	账　号					账　号								
	地　址	省　市　县　开户行				地　址	省　市　县　开户行							
金额	人民币（大写）						千	百	十	万	千	百	十	元　角　分
款项内容			托收凭据名　称					附寄单证张数						
商品发运情况				合同名称号码										
备注：			收款人开户银行签章											
付款人开户银行收到日期 　　年　月　日			年　月　日				复核　　　记账							

此联付款人开户银行作借方凭证

表 48　　　ICBC 🏛中国工商银行　　　托收凭证（汇款依据或收账通知）　　4

No：0234546

委托日期　　年　月　日　　付款期限　　年　月　日

业务类型		委托收款（□邮划、□电划）		托收承付（□邮划、□电划）											
付款人	全　称			收款人	全　称										
	账　号				账　号										
	地　址	省　市　县　开户行			地　址	省　市　县　开户行										
金额	人民币（大写）					千	百	十	万	千	百	十	元	角	分
款项内容			托收凭据名　称			附寄单证张数									
商品发运情况			合同名称号码												
备注：			上述款项已划回收入你方账户内 收款人开户银行签章 年　月　日												
复核　　　　　记账															

此联付款人开户银行凭以汇款或收款人开户银行作收账通知

表 49　　　　ICBC 中国工商银行　　　托收凭证（付款通知）　　5

No：0234546

委托日期　　　年 月 日　　　付款期限　　　年 月 日

业务类型		委托收款（□邮划、□电划）				托收承付（□邮划、□电划）										
付款人	全 称				收款人	全 称									
	账 号					账 号									
	地 址	省 市 县 开户行				地 址	省 市 县 开户行								
金额	人民币（大写）						千 百 十 万 千 百 十 元 角 分								
款项内容			托收凭据名 称				附寄单证张数								
商品发运情况				合同名称号码											

此联付款人开户银行给付款人按期付款通知

备注：	上述款项已划回收入你方账户内	付款人注意： 1. 根据支付结算办法，上列托收款项，在付期限内未提出拒付，即视为同意付款。以此联代付款通知。 2. 如需提出全部或部分拒付，应在承付期限内将拒付理由书并附债务证明送银行办理。
付款人开户银行收到日期 年 月 日	收款人开户银行签章 年 月 日	

4. 传递凭证

将开户银行转来的委托收款的托收凭证第四联交制单员制单。

借：银行存款

　贷：应收票据

5. 登记银行存款日记账和应收票据备查簿

根据审核无误的记账凭证登记银行存款日记账和应收票据备查簿。

四、商业汇票贴现业务处理程序

1. 出纳填制贴现凭证
2. 申请贴现
3. 传递凭证
4. 登记银行存款日记账

任务实施

模拟实训

实训目的

通过商业汇票业务的模拟实训，使学生会填写商业汇票业务有关的原始凭证，能够准确填制记账凭证，能够根据经审核无误的会计凭证逐日逐笔的登记银行存款日记账，做到日清月结。

实训材料

配有相关原始凭证，自备记账凭证、银行存款日记账等。

实训要求

1. 办理商业承兑汇票结算业务，准确填制原始凭证。

2. 办理银行承兑汇票结算业务，准确填制原始凭证。

3. 学会票据利息的计算。

实训资料

企业概况

企业名称：河北振华有限公司

法定代表人：刘振华

注册地址：石家庄市机场路 158 号   电话：0311－82866126

注册资本：500 万元

企业类型：有限责任公司

经营范围及主要产品：西服、工装、校服等系列服装

经营方式：生产销售

开户银行：建行石家庄机场路支行

账号：160066356798

纳税人登记号：1301178845678

纳税人类型：一般纳税人

增值税率：17％

银行存款日记账余额：850000 元

业务资料

2014 年 3 月河北振华有限公司发生以下有关商业汇票结算业务：

1. 2014 年 3 月 14 日，河北振华有限公司向石家庄嘉禾纺织厂销售服装一批，货款 100000 元，增值税 17000 元。收到对方开来的增值税专用发票，并收到该公司交来的为期 30 天的商业承兑汇票

（1）请填写商业承兑汇票，登记应收票据备查簿。

表50   **河北省增值税专用发票**

记 账 联   No. 10180292

开票日期 2014 年 3 月 14 日

| 购货单位 | 名　　　　称：石家庄嘉禾纺织厂
纳税人识别号：359291040021388
地址、电话：建设大街127号54566788
开户银行及账号：工行石支 0776024001469 | 密码区 | 4<0/0*31*6<2+7703+6 加密版本号：01
/1-1-09881019>990/0+8
6845/3<0211+-+0191312
440004314
4<0676->>2-23/186>>-1 0180234 |

货物及应税劳务名称	规格型号	单位	数量	单价	金额	税率	税额
工装		套	500	200.00	100000	17%	17000
合计					￥100000.00		￥17000

| 价税合计（大写） | 壹拾壹万柒仟元整 | （小写）￥117000.00 |

| 销货单位 | 名　　　　称：河北振华有限公司
纳税人识别号：1301178845678
地址、电话：机场路158号0311-82866126
开户银行及账号：建行机场路支行160066356798 | 备注 | |

收款人：　　　复核：　　　开票人：李清水　　　销货单位（章）：

第一联 记账联 销货方记账凭证

表51   **产品出库单**

购货单位：石家庄嘉禾纺织厂　　　　2014年3月14日　　　　销字第061号

商品名称及规格	单位	数量
工装	套	500
合　计		500

主管人：　　　会计：　　　记账：　　　制单：刘全友

第二联 会计记账

表 52   商业承兑汇票 2

出票日期   年   月   日

付款	全称		收款	全称	
	账号			账号	
	开户银行			开户银行	

出票金额	人民币 （大写）		千	百	十	万	千	百	十	元	角	分

汇票到期日 （大写）		付款人 开户行	行号	
交易合同号码			地址	

本汇票已经承兑，到期无条件付票款	本汇票请予以承兑于到期日付款
承兑人签章 承兑日期： 年 月日	出票人签章

此联持票人开户行随托收凭证寄付款人开户行作借方凭证附件

商业承兑汇票第二联背面   续 表

被背书人：	被背书人：
背书人签章 年 月 日	背书人签章 年 月 日

贴粘单处

（2）制单员根据相关原始凭证登记记账凭证。

表53

记账凭证

记字第　号

年　月　日

附件　张

摘　　要	会　计　科　目		借　方　金　额									贷　方　金　额									记账符号
	总账科目	明细科目	百	十	万	千	百	十	元	角	分	百	十	万	千	百	十	元	角	分	
合计金额																					

（3）出纳员填写托收凭证。

表 54　**ICBC 中国工商银行**　　**托收凭证（汇款依据或收账通知）**　**4**

No：0234546

委托日期　　年　月　日　　付款期限　　年　月　日

业务类型		委托收款（□邮划、□电划）		托收承付（□邮划、□电划）										
付款人	全　　称			收款人	全　　称									
	账　　号				账　　号									
	地　　址	省　市　县	开户行		地　　址	省　市　县		开户行						
金额	人民币（大写）					千	百	十	万	千	百	十	元 角 分	
款项内容			托收凭据名　称				附寄单证张数							
商品发运情况				合同名称号码										
备注：			上述款项已划回收入你方账户内											
			收款人开户银行签章											
复核　　记账			年　月　日											

此联付款人开户银行凭以汇款或收款人开户银行作收账通知

147

（4）制单员根据托收凭证编制记账凭证。

表55

记账凭证							记字第 号	
年 月 日							附件 张	

摘　　要	会　计　科　目		借　方　金　额	贷　方　金　额	记账符号
	总账科目	明细科目	百十万千百十元角分	百十万千百十元角分	
合计金额					

2. 2014 年假设河北振华有限公司将收到的石家庄嘉禾公司 117 000 元商业承兑汇票向银行办理贴现手续。贴现日数 20 天，贴现年利率 9.3%，贴现利息 604 元

（1）出纳员到开户行办理贴现手续。

①持商业汇票及有关材料向银行提交贴现申请书；

②银行审核企业提交相关材料；

③填写贴现审批表；

④银行与企业签定贴现协议。

计算贴现利息、贴现金额，向企业划拨贴现款。

贴现金额＝汇票面值×年贴现率×贴现天数/360＝117000×9.3%×20/360＝604（元）

（2）会计人员根据贴现金额收账通知编制记账凭证。

表56

记账凭证

年 月 日

记字第 号

附件 张

摘　要	会 计 科 目		借 方 金 额	贷 方 金 额	记账符号
	总 账 科 目	明 细 科 目	百 十 万 千 百 十 元 角 分	百 十 万 千 百 十 元 角 分	
合计金额					

　　3. 2014 年 3 月 23 日河北振华有限公司从北京清河毛纺厂购入布料 20000 米，单价 6 元，货款 120000 元，进项税额 20400 元，已收到增值税专用发票。（收款人：北京清河毛纺厂，开户银行：建设银行通县支行，账号：4400177780805），双方约定采用银行承兑汇票结算，期限为 3 个月，材料已收到，验收入库

表57

河北省增值税专用发票

抵 扣 联

3300132130

No. 18000556

开票日期　2014 年 3 月 23 日

国税函〔2014〕102号

购货单位	名　　称：				密码区	（略）		
	纳税人识别号：							
	地址、电话：							
	开户银行及账号：							
货物或应税劳务名称	规格型号	单位	数量	单价	金额	税率	税额	
合计								
价税合计（大写）					￥			
销货单位	名　　称：				备注			
	纳税人识别号：							
	地　址、电话：							
	开户银行及账号：							

第三联　抵扣联　销货方记账凭证

收款人：　　　　　复核：　　　　　　开票人：　　　　　销货单位（章）：

表 58　　　　　　　　　　　　**材料入库单**

供应单位：北京清河毛纺厂　　　　2013 年 3 月 23 日

发票号：00180235　　　　　　　　　　　　　　　字第 27 号

材料编号	材料名称	规格材质	计量单位	应收数量	实收数量	单价	金额									
							千	百	十	万	千	百	十	元	角	分
	棉布	纯棉	米	20000	20000	6		1	2	0	0	0	0	0	0	0
				运杂费												
				合计			¥	1	2	0	0	0	0	0	0	0
备注																

仓库：　　　　会计：　　　　收料员：李丹　　　　制单：王晓

要求：

（1）填写完整增值税专用发票。

（2）出纳办理银行承兑汇票。

表 59　　　　　　　　　**银行承兑汇票（卡片）**

出票日期

（大写）　　　　年　　　月　　　日

出票人全称		收款	全称											
出票人账号			账号											
付款行全称			开户银行											
汇票金额	人民币（大写）				千	百	十	万	千	百	十	元	角	分
汇票到期日（大写）		付款行	行号											
承兑协议编号			地址											
本汇票请你行承兑，此项汇票款我单位按承兑协议于到期日前足额交存你行，到期请予以支付。				密押										
出票人签章	备注：			复核　　　记账										

（3）制单会计编制记账凭证。

表60

记账凭证

记字第　号

年　月　日

附件　张

摘　要	会　计　科　目		借　方　金　额										贷　方　金　额										记账符号
	总账科目	明细科目	百	十	万	千	百	十	元	角	分	百	十	万	千	百	十	元	角	分		
	合计金额																					

（4）河北振华有限公司到期付款，制单员根据银行转来的付款通知登记记账凭证。

表61

记账凭证

记字第　号

年　月　日

附件　张

摘　要	会　计　科　目		借　方　金　额										贷　方　金　额										记账符号
	总账科目	明细科目	百	十	万	千	百	十	元	角	分	百	十	万	千	百	十	元	角	分		
	合计金额																					

4. 出纳根据审核后的记账凭证登记商业汇票业务相关的银行存款日记账

表62   银行存款日记账

年		凭证		摘　要	对方科目	收入（借方）	支出（贷方）	结余（余额）
月	日	种类	号数					

 任务思考与练习

一、单项选择题

1. 支票的提示付款期限为自出票日起（　　）。

A. 7 日   B. 10 日

C. 1 个月   D. 3 个月

2. 某公司出纳人员孙某于 2010 年 2 月 10 日签发了一张转账支票，转账日期填写正确的是（　　）。

A. 贰零壹零年贰月拾日   B. 贰零壹零年零贰月壹拾日

C. 贰零壹零年零贰月零壹拾日   D. 贰零壹零年贰月壹拾日

3. 不论单位还是个人都不能签发（　　）。

A. 现金支票   B. 转账支票

C. 普通支票   D. 空头支票

4. 只能用于支取现金，不能用于转账的支票是（　　）。

A. 现金支票   B. 转账支票

C. 普通支票   D. 划线支票

5. 企业从银行提取现金，应（　　）。

A. 借记"库存现金"   B. 借记"银行存款"

C. 借记"备用金"   D. 贷记"库存现金"

6. 现金是由（　　）经管的。

A. 出纳   B. 会计主管人员

C. 总会计师   D. 单位负责人

7. 企业应设置"现金日记账"，由（　　）按照经济业务发生的先后顺序逐日逐笔登记。

A. 主管人员
B. 出纳人员
C. 会计人员
D. 经办人员

二、多项选择题

1. 商业承兑汇票的签发人可以是（　　）。
A. 收款人开户银行
B. 代理付款银行
C. 收款人
D. 付款人

2. 下列哪些票据可以背书转让（　　）。
A. 现金支票
B. 转账支票
C. 银行承兑汇票
D. 商业承兑汇票

3. 可以用于同城结算的票据有（　　）。
A. 支票
B. 商业汇票
C. 银行汇票
D. 银行本票

4. 以下做法正确的有（　　）。
A. 出纳人员收到结算票据后应先审核
B. 收到开户行付款通知，审核后不是本单位债务，不用办理拒付手续
C. 办理银行汇票时，须在业务申请书上签章
D. 银行本票提示付款不用盖章

5. 下列银行支付结算中，应当通过其他货币资金账户核算的有（　　）。
A. 银行汇票
B. 银行本票
C. 商业汇票
D. 信用卡

项目七 国内支付结算实训

【知识目标】
1. 了解汇兑、委托收款、托收承付等国内支付结算方式的有关规定及业务流程；
2. 学会这些支付结算方式的应用及会计核算方法。

【技能目标】
1. 理解国内支付结算方式的有关规定；
2. 熟悉国内支付结算方式的业务流程；
3. 学会支付结算凭证的填写及会计核算方法。

【情感态度与价值观】
逐渐养成细心认真的职业素养，规范填写银行结算凭证，正确使用银行结算凭证。

任务一 汇兑的核算训练

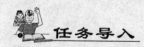

任务导入

通过银行进行结算，除了可以通过票据结算以外，还可以有其他一些结算方式，比如汇兑结算方式、委托收款结算方式、托收承付结算方式等。那么我们首先来了解汇兑这种最为方便灵活的结算方式吧！

任务引领

一、汇兑的概念

汇兑是汇款人委托银行将其款项支付给收款人的结算方式。

二、汇兑的适用范围与分类

汇兑结算方式适用于异地之间单位或个人的各种款项结算，具有划拨款项简单、灵活的特点。

汇兑按划款方式不同分为信汇和电汇两种，由汇款人根据需要选择使用。

信汇，是指汇款人委托银行通过邮寄方式将款项支付给收款人。

电汇，是指汇款人委托银行通过电信手段将款项划转给收款人。

汇款人委托银行办理信或电汇时，应向银行填制一式四联的信汇，或一式三联的电汇凭证，加盖预留银行印鉴，并按要求详细填写收、付款人名称、账号、汇入地点及汇入行名称、汇款金额等。

表1　　　　　　　　　　中国工商银行　　　信汇凭证（回单）

委托日期　　年　月　日　　　　　　　　　　　　　No00461253

汇款人	名　　称		收款人	名　　称	
	账　　号			账　　号	
	汇出地点	省　　　市/县		汇入地点	省　　　市/县

汇出行名称		汇入行名称	

金额	人民币（大写）		亿	千	百	十	万	千	百	十	元	角	分

支付密码

附加信息及用途：

汇出行签章　　　　　　　　　　　　　　复核　　记账

此联汇出行给汇款人的回单

表 2　　　　　中国工商银行　　电汇凭证（回单）

□普通　□加急　　　　委托日期　　年　月　日　　　　No 00325874

<table>
<tr><td rowspan="3">汇款人</td><td>名称</td><td colspan="2"></td><td rowspan="3">收款人</td><td>名称</td><td colspan="11"></td></tr>
<tr><td>账号</td><td colspan="2"></td><td>账号</td><td colspan="11"></td></tr>
<tr><td>汇出地点</td><td colspan="2">省　　市/县</td><td>汇入地点</td><td colspan="11">省　　市/县</td></tr>
<tr><td colspan="2">汇出行名称</td><td colspan="2"></td><td colspan="2">汇入行名称</td><td colspan="11"></td></tr>
<tr><td rowspan="2">金额</td><td colspan="5" rowspan="2">人民币
（大写）</td><td>亿</td><td>千</td><td>百</td><td>十</td><td>万</td><td>千</td><td>百</td><td>十</td><td>元</td><td>角</td><td>分</td></tr>
<tr><td></td><td></td><td></td><td></td><td></td><td></td><td></td><td></td><td></td><td></td><td></td></tr>
<tr><td colspan="3" rowspan="3">汇出行签章</td><td colspan="2">支付密码</td><td colspan="12"></td></tr>
<tr><td colspan="14">附加信息及用途：</td></tr>
<tr><td colspan="14">复核　　记账</td></tr>
</table>

此联汇出行给汇款人的回单

三、汇兑结算的基本规定

1. 汇兑结算没有金额起点的限制

2. 支取现金的规定

个体经济户和个人需要在汇入行支取现金的，应在信（电）汇凭证“汇款金额”大写栏，先填写“现金”字样，后填写汇款金额。款项汇入异地后，收款人需携带本人身份证件或汇入地有关单位足以证实收款人身份的证明，到银行一次办理现金支付手续。信（电）汇凭证上未注明“现金”字样而需要支取现金的，由汇入银行按照现金管理规定审查支付。需部分支取现金的，收款人需填写取款凭证和存款凭证送交汇入银行，办理支取部分现金和转账手续。

3. 留行待取的规定

汇款人将款项汇往异地需要派人领取的，在办理汇款时，应在签发的汇兑凭证各联的收款人账号或地址栏注明“留行待取”字样。留行待取的汇款，需要指定单位的收款人领取汇款的，应注明收款人的单位名称。

4. 分次支取的规定

若汇出款需要分次支取的，要向汇入银行说明分次支取的原因和情况，经汇入银行同意，以收款人名义设立临时存款账户，该账户只付不收，结清为止，不计利息。

5. 转汇的规定

收款人如需将汇款转到另一个地点，应在汇入银行重新办理汇款手续，转汇时，收款人和用途不得改变，汇入银行必须在信（电）汇凭证上加盖"转汇"戳记。

　　6. 退汇的规定

　　汇款人对汇出银行尚未汇出的款项可以申请撤销；对汇出银行已经汇出的款项可以申请退汇。汇入银行对于收款人拒绝接受的汇款，应立即办理退汇。汇入银行对于向收款人发出取款通知 2 个月后仍无法交付的汇款，应主动办理退汇。

四、汇兑结算的程序

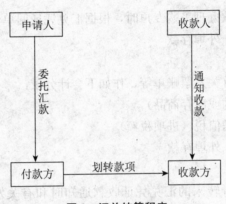

图 1　汇兑结算程序

　　1. 汇款人办理汇款

　　汇款人委托银行办理汇兑结算时，出纳员应填写一式四联的信汇凭证或一式三联的电汇凭证。如需注明"留行待取"、"现金"字样的，在有关栏目填写。填好后在第二联"汇款人盖章"处加盖预留银行印鉴，交其开户银行办理划转手续。

　　2. 银行受理汇兑

　　汇款单位开户银行受理汇款人签发的汇兑凭证，经审查无误后即可办理汇款手续，在凭证第一联回单联加盖"转讫"章后退给汇款人，同时收取汇款手续费。

　　3. 通知收款人收款

　　出纳员办理好汇兑手续后，应该传真汇兑凭证或电话通知收款单位，告知对方准备收取汇款。

　　4. 收款人办理进账或取款

　　在银行开立存款账户的收款人，收到汇入行转来的汇款凭证，按汇入银行的通知办理转账。如果需要办理取款，出纳员应在收款通知上加盖本单位的预留银行印鉴后，到银行办理取款。

　　需要在汇入银行支取现金的。汇款凭证上必须有按规定填写的"现金"字样。

五、汇兑结算的账务处理

1. 付款单位

（1）委托银行汇出款项后，根据信（电）汇凭证回单和有关发票账单等，作如下会计分录：

借：原材料（材料采购或库存商品）
　　应交税费—应交增值税（进项税额）
　贷：银行存款

（2）若企业向异地汇款办理采购专户时，根据汇兑凭证回单，作如下会计分录：

借：其他货币资金——外埠存款
　贷：银行存款

（3）采购完毕，根据有关发票账单等，作如下会计分录：

借：原材料（材料采购或库存商品）
　　应交税费—应交增值税（进项税额）
　贷：其他货币资金—外埠存款

2. 收款单位

收到购货单位根据银行转来的汇兑凭证收款通知时和有关发票账单等，作如下会计分录：

借：银行存款
　贷：主营业务收入
　　　应交税费—应交增值税（销项税额）

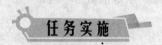 任务实施

模拟实训

实训目的

通过模拟实训，使学生能够识别并填制与汇兑结算业务有关的原始凭证，并能够准确编制记账凭证。

实训材料

配有相关原始凭证，自备记账凭证。

实训要求

1. 办理汇兑结算业务，准确填制原始凭证。

2. 模拟出纳员办理收、付款业务，填制记账凭证。

实训资料

企业概况

企业名称：河北振华有限公司

法定代表人：刘振华

注册地址：石家庄市机场路 158 号　　电话：0311－82866126

注册资本：500 万元

企业类型：有限责任公司

经营范围及主要产品：西服、工装、校服等系列服装

经营方式：生产销售

开户银行：建行石家庄机场路支行

账号：160066356798

纳税人登记号：1301178845678

纳税人类型：一般纳税人

增值税率：17％

业务资料

1. 2013 年 4 月 10 日，河北振华有限公司通过普通电子汇划结算方式向郑州金华棉纺公司预付购货款 78000.00 元，郑州金华棉纺公司账号：658902002345；开户行：工行郑州江北支行

表3　　　　　　　　中国工商银行　电汇凭证　（回单）

□普通　□加急　　　　委托日期　　年　月　日　　　　No 00325875

汇款人	名　称		收款人	名　称	
	账　号			账　号	
	汇出地点	省　　市/县		汇入地点	省　　市/县
汇出行名称			汇入行名称		

| 金额 | 人民币（大写） | | 亿 | 千 | 百 | 十 | 万 | 千 | 百 | 十 | 元 | 角 | 分 |

支付密码

附加信息及用途：

汇出行签章　　　　　　　　　　　　　　复核　　记账

此联汇出行给汇款人的回单

2.2013 年 4 月 18 日，河北振华有限公司从北京清河毛纺厂购入的化纤布 6000 米，单价 6.5 元，收到增值税发票，材料已验收入库。以信汇方式支付货款

表4

北京市增值税专用发票

发票联

No. 00340235

开票日期　2013 年 4 月 18 日

购货单位	名　　称：河北振华有限公司								密码区	（略）	
	纳税人识别号：1301178845678										
	地址、电话：石家庄机场路158号0311-82866126										
	开户银行及账号：建行机场路支行 160066356798										
货物或应税劳务名称	规格型号	单位	数量	单价		金额		税率		税额	
化纤布	20#	米	6000	6.50		39000.00		17%		6630.00	
合计						¥39000.00				¥6630.00	
价税合计（大写）	肆万伍仟陆佰叁拾元整						（小写）¥45630.00				
销货单位	名　　称：北京清河毛纺厂				备注						
	纳税人识别号：4301900005477557										
	地址、电话：北京通县工业区99号										
	开户银行及账号：建设银行通县支行 4400177780805										

收款人：　　　　复核：　　　　开票人：　　　　销货单位(章)：

第三联　发票联　购货方记账凭证

表5

北京市增值税专用发票

抵 扣 联

No. 00340635

开票日期　2013 年 4 月 18 日

购货单位	名　　称：河北振华有限公司								密码区	（略）	
	纳税人识别号：1301178845678										
	地址、电话：石家庄机场路158号0311-82866126										
	开户银行及账号：建行机场路支行 160066356798										
货物或应税劳务名称	规格型号	单位	数量	单价		金额		税率		税额	
化纤布	20#	米	6000	6.50		39000.00		17%		6630.00	
合计						¥39000.00				¥6630.00	
价税合计（大写）	肆万伍仟陆佰叁拾元整						（小写）¥45630.00				
销货单位	名　　称：北京清河毛纺厂				备注						
	纳税人识别号：4301900005477557										
	地址、电话：北京通县工业区99号										
	开户银行及账号：建设银行通县支行 4400177780805										

收款人：　　　　复核：　　　　开票人：　　　　销货单位(章)：

第二联　抵扣联　购货方扣锐凭证

表6

材料入库单

供应单位：北京清河毛纺厂　　　　　2013 年 4 月 18 日

发票号：00340635　　　　　　　　　　　　　　　　　字第 13 号

材料编号	材料名称	规格材质	计量单位	应收数量	实收数量	单价	金额									
							千	百	十	万	千	百	十	元	角	分
	化纤布	纯涤	米	6000	6000	6.5			3	9	0	0	0	0	0	0
				运杂费												
				合计					¥	3	9	0	0	0	0	0
备注																

仓库：　　　　　会计：　　　　　收料员：李丹　　　　　制单：王晓

第二联 记账联

表7　　　　　**中国工商银行　信汇凭证　　（回单）**

委托日期　　年　月　日　　　　　　　　　　　　No 00461255

汇款人	名　　称		收款人	名　　称										
	账　　号			账　　号										
	汇出地点	省　　　市/县		汇入地点	省　　　市/县									
汇出行名称			汇入行名称											
金额	人民币（大写）				亿	千	百	十	万	千	百	十	元	角	分
			支付密码	附加信息及用途：										
			汇出行签章	复核　　记账										

此联汇出行给汇款人的回单

3.2013 年 4 月 20 日，河北振华有限公司收到济南红星商城汇来的前欠购货款 234000 元

表8 　　　　中国银行　　电汇凭证（收账通知）

☑普通　□加急　　　委托日期 2013 年 4 月 20 日

汇款人	名　称	济南红星商城	借款人	名　称	河北振华有限公司
	账　号	30039687450		账　号	160066356798
	汇出地点	济南		汇入地点	石家庄

汇出行名称	中行济南中兴支行	汇入行名称	建行石家庄机场路支行

金额	人民币（大写）	贰拾叁万肆仟元整	亿	千	百	十	万	千	百	十	元	角	分
					¥	2	3	4	0	0	0	0	0

支付密码

附加信息及用途：货款
　　款已从你单位账户汇出

中国银行济南支行 转讫（印章）

汇出行签章　　　　　　　复核　记账

此联汇入行给收款人的收账通知

4.2013 年 4 月 26 日，河北振华有限公司以普通电汇方式汇给河南郑州皇冠染织厂前欠购货款 54560 元。郑州皇冠染织厂账号：658902008866；开户行：建行郑州江北支行

表9 　　　　中国工商银行　　电汇凭证（回单）

□普通　□加急　　　委托日期　　年　月　日　　　No.00325875

汇款人	名　称		收款人	名　称	
	账　号			账　号	
	汇出地点	省　市/县		汇入地点	省　市/县

汇出行名称		汇入行名称	

金额	人民币（大写）		亿	千	百	十	万	千	百	十	元	角	分

支付密码

附加信息及用途：

汇出行签章　　　　　　　复核　记账

此联汇出行给汇款人的回单

任务二　委托收款的核算训练

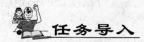 **任务导入**

以上银行结算都是付款人主动付款的银行结算方式，有没有由收款人主动收款的银行结算方式呢？比如公用事业性收费（水费、电费、电话费等）所使用的结算方式，下面我们就给同学们介绍一种。

 **任务引领**

一、委托收款的概念

委托收款是收款人委托银行向付款人收取款项的结算方式。

二、委托收款适用范围与分类

委托收款便于收款人主动收款，在同城、异地均可使用。无论是单位还是个人，都可凭已承兑商业汇票、债券、存单等付款人债务证明，采用该结算方式办理款项的结算。

委托收款结算款的划回方式，分邮寄和电报两种，由收款人选择。

三、委托收款结算的基本规定

1. 委托收款不受金额起点限制

2. 付款期时间的规定

委托收款的付款期为 3 天，从付款人开户银行发出付款通知的次日算起（付款期内遇节假日可以顺延）。付款人在付款期内未向银行提出异议，银行视作同意付款，并在付款期满的次日开始营业时，将款项主动划给收款人。若在付款期满前，付款人通知银行提前付款，银行即刻付款。

3. 付款人拒绝付款的规定

付款人审查有关债务证明后，对收款人委托收取的款项需要拒绝付款的，可以办理拒绝付款。付款人需要全部拒绝付款的，应在付款期内填制"委托收款结算全部拒绝付款理由书"，并加盖银行预留印鉴章，连同有关单证送交开户银行，银行不负责审查拒付理由，将拒绝付款理由书和有关凭证及单证寄给收款人开户银行转交收款人。需要部分拒绝付款的，应在付款期内填制"委托收款结算部分拒绝付款理由书"，并加盖银行预留印鉴章，连同有关单证送交开户银行，银行办理部分划款，并将部分拒绝付款理由书寄给收款人开户银行转交收款人。

4. 无款支付的规定

付款人在付款期满日，银行营业终了前如无足够资金支付全部款项，即为无款支付。银行于次日上午开始营业时，将有关单证（单证已作账务处理的，付款人可填制"应付款项证明书"），在两天内退回开户银行，银行将有关结算凭证连同单证或应付款项证明书退回收款人开户银行转交收款人。

5. 付款人过期不退单证的，开户银行应按照委托收款的金额自发出通知的第 3 天起，每天处以万分之五，但不低于 50 元的罚金，并暂时终止付款人委托银行向外办理结算业务，直到退回单证时止

四、委托收款结算程序

1. 收款人委托收款

收款人办理委托收款，应向银行填写委托收款凭证并提交有关债务证明。

2. 受理托收

收款人开户银行审查受理后，将委托收款凭证第一联回单加盖银行业务受理章后退回收款人。

3. 传递凭证

收款人开户银行将有关单证寄交付款人开户银行，以通知付款人。

4. 付款人付款

付款人开户银行接到收款人开户银行寄来的委托收款凭证及债务证明，审查无误后办理付款。

（1）付款人为银行的，银行应当在当天将款项主动支付给收款人。

（2）付款人为单位的，银行应及时通知付款人。付款人接到通知后，应在规定的付款期限内付款，付款期为 3 天，付款人在付款期内未向银行提出异议，银行视作同意付款，并在付款期满的次日开始营业时，将款项主动划给收款人。如付款人审查有关债务证明后，对收款人委托收取的款项需要拒绝付款的，应在付款期内填写拒付理由书，连同委托收款凭证第五联等凭证一并交银行，办理拒绝付款手续。

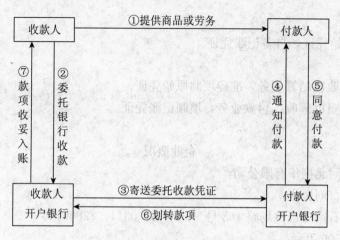

图 2 委托收款结算程序

五、委托收款结算的账务处理

1. 收款单位

（1）办妥委托银行收款手续后，根据委托收款结算凭证第一联回单。作如下会计分录：

借：应收账款—××单位
　　贷：主营业务收入
　　　　应交税费—应交增值税（销项税额）

（2）接到银行转来的委托收款结算凭证第四联收账通知时，作如下会计分录：

借：银行存款
　　贷：应收账款—××单位

2. 付款单位

接到银行转来的委托收款结算凭证第五联付款通知后，于付款时作如下会计分录：

借：原材料（材料采购）
　　应交税费—应交增值税（进项税额）
　　贷：银行存款

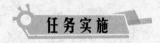

模拟实训

实训目的

通过模拟实训，使学生能够识别并填制与委托收款结算业务有关的原始凭证，并能够准确编制记账凭证。

实训材料

配有相关原始凭证，自备记账凭证。

实训要求

1. 办理委托收款结算业务，准确填制原始凭证。

2. 模拟出纳员办理收、付款业务，填制记账凭证。

实训资料

企业概况

企业名称：河北振华有限公司

法定代表人：刘振华

注册地址：石家庄市机场路 158 号　　电话：0311 - 82866126

注册资本：500 万元

企业类型：有限责任公司

经营范围及主要产品：西服、工装、校服等系列服装

经营方式：生产销售

开户银行：建行石家庄机场路支行

账号：160066356798

纳税人登记号：1301178845678

纳税人类型：一般纳税人

增值税率：17%

业务资料

1. 2013 年 4 月 2 日，销售给广州拓展电子有限公司型号为 WY 的工装 200 套，单价 120 元，产品已发出，开出增值税专用发票，价税款采用委托收款方式向银行办理邮划委托。（广州拓展电子有限公司地址：广州市光华路 199 号，电话 78334673，纳税人识别号：55190000932213，开户银行：建设银行广州光华支行，账号：55001777123455）

表10　　　　　　　　　　　　河北省增值税专用发票

1200063180　　　　　　　　　　　记　账　联　　　　　　　　　No. 00541512

开票日期　　年　月　日

购货单位	名　　　称：				密码区	（略）		
	纳税人识别号：							
	地址、电话：							
	开户银行及账号：							
货物或应税劳务名称	规格型号	单位	数量	单价	金额	税率	税额
价税合计（大写）					(小写)￥		
销货单位	名　　　称：				备注		
	纳税人识别号：						
	地址、电话：						
	开户银行及账号：						

收款人：　　　　　复核：　　　　　开票人：　　　　　　　　　　销货单位(章)：

第二联　记账联　销货方记账凭证

表11　　　　　　　　　　　　　　产品出库单

购货单位：广州拓展电子有限公司　　　2013 年 4 月 2 日　　　　　销字第 042 号

编号	成品名称	规格	单位	数量	单位成本	总成本	备注
A2	工装	WY	套	200	80.00	16000.00	销售
合　计				200	80.00	16000.00	

记账：金明　　　　　　保管：徐林　　　　　　　　制票：郑海

第三联　会计联

表 12

托收凭证（受理回单） 1

委托日期　年　月　日

业务类型		委托收款（◎邮划、◉电划）			托收承付（◎邮划、◉电划）														
付款人	全称				收款人	全称													
	账号					账号													
	地址	省 市 县	开户行			地址	省 市 县	开户行											
金额	人民币（大写）								亿	千	百	十	万	千	百	十	元	角	分
款项内容			托收凭据名称				附寄单证张数												
商品发运情况					合同名称号码														
备注： 复核　记账			款项收妥日期 年　月　日		收款人开户银行签章 年　月　日														

此联作收款人开户行给收款人受理回单

2. 2013 年 4 月 9 日收到广州拓展电子有限公司的托收款

表 13

托收凭证（汇款依据或收账通知） 4

委托日期　2013 年 4 月 2 日　付款期限　2013 年 4 月 10 日

业务类型		委托收款（◎邮划、◉电划）			托收承付（◎邮划、◉电划）														
付款人	全称	广州拓展电子有限公司			收款人	全称	河北振华有限公司												
	账号	55190000932213				账号	160066356798												
	地址	广东省广州市	开户行	建设银行广州光华支行		地址	河北省石家庄市	开户行	建行石家庄机场路支行										
金额	人民币（大写）	贰万捌仟零捌拾元整							亿	千	百	十	万	千	百	十	元	角	分
												¥	2	8	0	8	0	0	0
款项内容		销货款	托收凭据名称	增值税专用发票			附寄单证张数	1											
商品发运情况		已发运			合同名称号码														
备注： 复核　记账			上述款项已划回收入你方账户内 收款人开户银行签章 年　月　日																

此联付款人开户行给收款人付款通知

3.2013 年 4 月 10 日将本单位持有的上海榕运商行 2013 年 1 月 15 日签发的期限 3 个月并由其开户银行承兑的银行承兑汇票，向开户银行办理委托收款（邮划）

表 14　　　　　　　　　　　　　　　　银行承兑汇票

银行承兑汇票						2									
出票日期（大写）			年　月　日												
出票人全称	上海榕运商行		收款人	全称											
出票人账号	4367420010523682475			账号											
付款行全称	中国建设银行上海陕西南路分理处			开户银行											
出票金额	人民币（大写）伍万捌仟伍佰元整				亿	千	百	十	万	千	百	十	元	角	分
							￥	5	8	5	0	0	0	0	0
汇票到期日（大写）			付款行	行号	1053100009821										
承兑协议编号				地址	上海陕西南路 1 号										

本汇票请你行承兑，到期无条件付款

本汇票已经承兑，到期日由本行付款

承兑日期 2009 年 3 月 25 日　备注：

复核　记账

表 15　　　　　　　　　　　　　托收凭证（受理回单）　　1

委托日期　年　月　日

业务类型		委托收款（◎邮划、●电划）		托收承付（◎邮划、●电划）									
付款人	全称			收款人	全称								
	账号				账号								
	地址	省　市　县　开户行			地址	省　市　县　开户行							
金额	人民币（大写）|				亿	千	百	十	万	千	百	十	元	角	分
款项内容		托收凭据名称			附寄单证张数								
商品发运情况				合同名称号码									
备注：		款项收妥日期											
复核　记账		年　月　日		收款人开户银行签章　年　月　日									

此联作收款人开户行给收款人受理回单

4.2013 年 4 月 16 日，收到托收的上海榕运商行银行承兑汇票款

表 16 　　　　　　　托收凭证（汇款依据或收账通知）　4

委托日期　2013 年 4 月 10 日｜付款期限　2013 年 4 月 15 日

业 务 类 型		委托收款（◎邮划、●电划）				托收承付（◎邮划、●电划）					
付款人	全　称	上海榕运商行				收款人	全　称	河北振华有限公司			
	账　号	4367420010523682475					账　号	160066356798			
	地　址	上海市	开户行	建行上海陕西南路分理处			地　址	河北省石家庄市	开户行	建行石家庄机场路支行	

金额	人民币（大写）	伍万捌仟伍佰元整		亿	千	百	十	万	千	百	十	元	角	分
							¥	5	8	5	0	0	0	0

款项内容	商业汇票款	托收凭据名　称	银行承兑汇票	附寄单证张数	1
商品发运情况			合同名称号码		

备注：　　　　　　　　　上述款项已划回收入你方账户内

收款人开户银行签章
年　月　日
复核　　记账

此联付款人开户银行给付款人付款通知

5.2013 年 4 月 25 日填写委托收款凭证，将本单位持有的上海东方集团有限公司 2012 年 12 月 2 日签发并承兑的期限 5 个月，不带息的商业承兑汇票，向开户银行办理委托收款（邮划）

表17

商业承兑汇票　　2

汇票号码

出票日期
（大写）　　贰零壹贰年 壹拾贰月 零贰 日

付款人	全称	上海东方集团有限公司	收款人	全称	河北振华有限公司
	账号	0200001009012132009		账号	160066356798
	开户银行	中国工商银行上海嘉定支行		开户银行	建行石家庄机场路支行

出票金额	人民币（大写）	伍万捌仟伍佰元整	亿	千	百	十	万	千	百	十	元	角	分
					￥	5	8	5	0	0	0	0

汇票到期日（大写）	贰零壹叁年伍月零贰日	付款人开户行	行号	1023100009821
交易合同号码	20121225		地址	上海嘉定区华江路05号

本汇票已经承兑，到期无条件支付票款。

本汇票请予以承兑于到期日付款。

财务专用章　　　　承兑日期　年·月·日　　　　　　出票人签章

此联特票人开户行随托收凭证寄付款人开户行作借方凭证

表18

托收凭证（受理回单）　　1

委托日期　　年　月　日

业务类型		委托收款（◎邮划、●电划）		托收承付（◎邮划、●电划）		
付款人	全　称		收款人	全　称		
	账　号			账　号		
	地　址	省　市　县	开户行	地　址	省　市　县	开户行
金额	人民币（大写）		亿 千 百 十 万 千 百 十 元 角 分			
款项内容		托收凭据名　称		附寄单证张数		
商品发运情况			合同名称号码			
备注：		款项收妥日期				
				收款人开户银行签章		
复核　　记账		年　月　日		年　月　日		

此联作收款人开户行给收款人受理回单

6.2013 年 4 月 26 日，填写委托收款凭证，将本单位持有的苏州港后电力有限公司的企业债券本息金额 327 000 元，向开户银行办理委托收款（邮划）。（债券期限 3 年，到期日为 2013 年 5 月 1 日，债券面值 300 000.00 元，票面利率 3%，债券略），苏州港后电力有限公司地址：江苏省苏州市，开户银行：工商银行苏州支行，账号：9550002003588

表 19

托收凭证（受理回单）　1

委托日期　　年　月　日

<table>
<tr><td colspan="2">业务类型</td><td colspan="4">委托收款（◎邮划、◉电划）</td><td colspan="5">托收承付（◎邮划、◉电划）</td></tr>
<tr><td rowspan="3">付款人</td><td>全　称</td><td colspan="4"></td><td rowspan="3">收款人</td><td>全　称</td><td colspan="3"></td></tr>
<tr><td>账　号</td><td colspan="4"></td><td>账　号</td><td colspan="3"></td></tr>
<tr><td>地　址</td><td>省　市
县</td><td>开户行</td><td colspan="2"></td><td>地　址</td><td>省　市
县</td><td>开户行</td><td></td></tr>
<tr><td>金额</td><td colspan="7">人民币
（大写）</td><td colspan="3">亿 千 百 十 万 千 百 十 元 角 分</td></tr>
<tr><td>款项内容</td><td colspan="2"></td><td colspan="2">托收凭据
名　称</td><td colspan="2"></td><td colspan="2">附寄单
证张数</td><td colspan="2"></td></tr>
<tr><td colspan="2">商品发运情况</td><td colspan="4"></td><td colspan="3">合同名称号码</td><td colspan="2"></td></tr>
<tr><td colspan="3">备注：

复核　　记账</td><td colspan="3">款项收妥日期

年　月　日</td><td colspan="5">收款人开户银行签章
年　月　日</td></tr>
</table>

此联作收款人开户行给收款人受理回单

7.2013 年 4 月 27 日 ，河北振华有限公司收到北京清河毛纺厂的增值税发票及托收凭证，购入的涤棉布 2000 米，单价 5.5 元，材料已验收入库。货款已承付

表20

北京市增值税专用发票

发 票 联

No. 00340656

开票日期   2013 年 4 月 23日

购货单位	名 称：河北振华有限公司 纳税人识别号：1301178845678 地址、电话：石家庄机场路158号0311-82866126 开户银行及账号：建行机场路支行 160066356798					密码区	（略）	
货物或应税劳务名称	规格型号	单位	数量	单价	金额	税率	税额	
涤棉布	25#	米	2000	5.50	11000.00	17%	1870.00	
合计					￥39000.00		￥1870.00	
价税合计（大写）	壹万贰仟捌佰柒拾元整					（小写）￥12870.00		
销货单位	名 称：北京清河毛纺厂 纳税人识别号：4301900005477557 地址、电话：北京通县工业区99号 开户银行及账号：建设银行通县支行 4400177780805					备注		

收款人：   复核：   开票人：   销货单位(章)：

第三联 发票联 购货方记账凭证

表21

北京市增值税专用发票

抵 扣 联

No. 00340635

开票日期   2013 年 4 月 23日

购货单位	名 称：河北振华有限公司 纳税人识别号：1301178845678 地址、电话：石家庄机场路158号0311-82866126 开户银行及账号：建行机场路支行 160066356798					密码区	（略）	
货物或应税劳务名称	规格型号	单位	数量	单价	金额	税率	税额	
涤棉布	25#	米	2000	5.50	11000.00	17%	1870.00	
合计					￥11000.00		￥1870.00	
价税合计（大写）	壹万贰仟捌佰柒拾元整					（小写）￥12870.00		
销货单位	名 称：北京清河毛纺厂 纳税人识别号：4301900005477557 地址、电话：北京通县工业区99号 开户银行及账号：建设银行通县支行 4400177780805					备注		

收款人：   复核：   开票人：   销货单位(章)：

第二联 抵扣联 购货方扣锐凭证

表 22 　　　　　　　　　**材料入库单**

供应单位：北京清河毛纺厂　　　　2013 年 4 月 27 日

发票号：00340635　　　　　　　　　　　　　　　字第 13 号

材料编号	材料名称	规格材质	计量单位	应收数量	实收数量	单价	金额									
							千	百	十	万	千	百	十	元	角	分
	涤棉布	25♯	米	2000	2000	5.50			1	1	0	0	0	0	0	0
			运杂费													
			合计						¥	1	1	0	0	0	0	0
备注																

仓库：　　　　会计：　　　　收料员：李丹　　　　制单：王晓

第二联 记账联

表 23 　　　　　　　　**托收凭证（付款通知）　5**

委托日期　2013 年 4 月 23 日　　　付款期限 2013 年 4 月 27 日

业 务 类 型		委托收款（◎邮划、●电划）			托收承付（◎邮划、●电划）			
付款人	全　称	河北振华有限公司			收款人	全　称	北京清河毛纺厂	
	账　号	160066356798				账　号	4400177780805	
	地　址	河北省石家庄市	开户行	建行石家庄机场路支行		地　址	省 北京市县	开户行	建设银行通县支行

金额	人民币（大写）	壹万贰仟捌佰柒拾元整	亿	千	百	十	万	千	百	十	元	角	分
							¥	1	2	8	7	0	0	0

款项内容	货款	托收凭据名　称	增值税发票	附寄单证张数	1
商品发运情况	已发运		合同名称号码		

备注：	款项收妥日期	付款人注意：
		1. 根据支付结算方法，上列委托收款（托收承付）款项在付款期限内未提出拒付，即视为同意付款以此代付款通知；
付款人开户银行收到日期 年 月 日 复核 记账	年 月 日	2. 如需提出全部或部分拒付，应在规定期限内，将拒付理由书并附债务证明退交开户银行

此联作收款人开户行给收款人受理回单

　　8. 2013 年 4 月 30 接银行通知，支付本月电费 11700 元，银行转来增值税专用发票和托收凭证

表24

河北省增值税专用发票
发 票 联

1200063180

No. 00541565

开票日期　2013 年 4 月 30日

购货单位	名　　　　称：河北振华有限公司 纳税人识别号：1301178845678 地　址、电　话：石家庄机场路158号0311-82866126 开户银行及账号：建行机场路支行160066356798				密码区	（略）		
货物及应税劳务名称 电费	规格型号	单位	数量 18182	单价 0.55	金额 10000	税率 17%	税额 1700.00	
合计					￥10000.00		￥1700.00	
价税合计（大写）　　壹万壹仟柒佰元整					（小写）￥11700.00			
销货单位	名　　　　称：石家庄市电力公司 纳税人识别号：2003882345178 地　址、电　话：石家庄市新华路28号 开户银行及账号：工商银行新华路支行 9558800023578				备注			

收款人：　　　　　复核：　　　　　开票人：　　　　　　　　销货单位（章）：

第三联　发票联　购货方记账凭证

表25

河北省增值税专用发票
抵 扣 联

1200063180

No. 00541565

开票日期　2013 年 4 月 30日

购货单位	名　　　　称：河北振华有限公司 纳税人识别号：1301178845678 地　址、电　话：石家庄机场路158号0311-82866126 开户银行及账号：建行机场路支行 160066356798				密码区	（略）		
货物或应税劳务名称 电费	规格型号	单位	数量 18182	单价 0.55	金额 10000.00	税率 17%	税额 1700.00	
合计					￥10000.00		￥1700.00	
价税合计（大写）　　壹万壹仟柒佰元整					（小写）￥11700.00			
销货单位	名　　　　称：石家庄市电力公司 纳税人识别号：2003882345178 地　址、电　话：石家庄市新华路28号 开户银行及账号：工商银行石家庄新华路支行 9558800023578				备注			

收款人：　　　　　复核：　　　　　开票人：　　　　　　　　销货单位（章）：

第二联　抵扣联　购货方扣税凭证

表 26　　　　　　　　　　　托收凭证（付款通知）　　5

委托日期　2013 年 4 月 30 日　　　　　付款期限 2013 年 5 月 4 日

业务类型		委托收款（◎邮划、●电划）			托收承付（◎邮划、●电划）													
付款人	全　称	河北振华有限公司			收款人	全　称	石家庄市电力公司											
	账　号	160066356798				账　号	9558800023578											
	地　址	河北省石家庄市	开户行	建行石家庄机场路支行		地　址	省 石家庄市 县	开户行	建设银行通县支行									
金额	人民币（大写）	壹万壹仟柒佰元整						亿	千	百	十	万	千	百	十	元	角	分
											¥	1	1	7	0	0	0	0	0
款顶内容		电费		托收凭据名　称		增值税发票		附寄单证张数				1						
商品发运情况						合同名称号码											
备注：						付款人注意：											

备注栏下方：

付款人开户银行收到日期　　年　月　日

付款人开户银行签章　　年　月　日

复核　　记账

付款人注意：
3. 根据支付结算方法，上列委托收款（托收承付）款项在付款期限内未提出拒付，即视为同意付款以此代付款通知
4. 如需提出全部或部分拒付，应在规定期限内，将拒付理由书并附债务证明退交开户银行

（此联付款人开户银行给付款人按期付款通知）

任务三　托收承付的核算训练

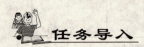 任务导入

　　下面我们再给同学们介绍一种收款人主动收款的、使用条件比较严苛、但对收款人收款的保障程度非常高的银行结算方式。

 任务引领

一、托收承付的概念

　　托收承付是根据购销合同由收款人发货后委托银行向异地付款人收取款项，由付款人向银行承认付款的结算方式。

二、托收承付适用范围与分类

托收承付业务使用范围较小，监督严格且信用度较高。根据《支付结算办法》的规定，托收承付结算只适用于异地企业之间订有经济合同的商品交易及因商品交易而产生的劳务供应款项的结算。代销、零售、赊销商品的款项不得办理托收承付结算。

托收承付结算款项的划回方法，分邮寄和电报两种，由收款人选用。

三、托收承付结算的基本规定

1. 使用托收承付结算方式的收款单位和付款单位，必须是国有企业，供销合作社以及经营管理较好、并经开户银行审查同意的城乡集体所有制工业企业。

2. 收款双方使用托收承付结算，必须签有符合《经济合同法》的购销合同，并在合同上订明使用托收承付结算方式。

3. 收付双方办理托收承付结算，必须重合同，守信用。

收款人对同一付款人发货托收累计 3 次收不回货款的，收款开户银行应暂停收款人向该付款人办理托收；付款人累计 3 次提出无理拒付的，付款人开户银行应暂停其向外办理托收。

4. 收款人办理托收，必须具有商品确已发运的证件。

5. 托收承付结算每笔的金额起点为 10000 元，新华书店系统每笔金额起点为 1000 元。

表 27　　　　　　　　　　**托收凭证（受理回单）　1**

委托日期　年　月　日

业务类型		委托收款（□邮划、□电划）	托收承付（□邮划、□电划）												
付款人	全　称		收款人	全　称											
	账　号			账　号											
	地　址	省　市县　开户行		地　址	省　市县　开户行										
金额	人民币（大写）				千	百	十	万	千	百	十	元	角	分	
款项内容		托收凭据名　称		附寄单证张数											
商品发运情况			合同名称号码												
备注：		款项收妥日期													
		复核　　记账	年　月　日	收款人开户银行签章										年　月　日	

此联作收款人开户行给收款人受理回单

四、托收承付的结算程序

托收承付结算方式分为托收和承付两个阶段。托收是指收款人根据购销合同发货后，委托银行向付款人收取款项的行为；承付是指付款人根据经济合同核对单证或验货后，向银行承认付款的行为。

1. 收款人委托收款

收款人根据购销合同发运商品并支付代垫运费后，向银行提交托收承付结算凭证及购销合同、发票账单、发运证明等单证。收款人在第二联上加盖银行预留印鉴章，委托银行向付款人收取款项。

2. 受理托收

收款人开户银行审查受理后，将托收承付结算凭证第一联回单加盖银行业务受理章后退回收款人。

3. 传递凭证

收款人开户银行将有关单证寄交付款人开户银行，以通知付款人。

4. 承付

付款人开户银行收到托收凭证及其附件后，应当及时通知付款人付款。付款人应在承付期内审查核对，安排资金。承付货款分为验单付款和验货付款两种，由收付双方商量选用，并在合同中明确规定。

验单付款承付期限为 3 天，从付款人开户银行发出承付通知的次日算起（承付期内遇节假日可以顺延）；验货付款承付期限为 10 天，从运输部门向付款人发出提货通知的次日算起。付款人在付款期内，未向银行提出异议，银行视作同意付款，并在付款期满的次日开始营业时，将款项主动划给收款人。不论是验单付款还是验货付款，付款人都可以在承付期内提前向银行表示承付，并通知银行提前付款，银行应立即办理划款。

5. 逾期付款

付款人在承付期满日银行营业终了时，如无足够资金支付，其不足部分，即为逾期未付款项。付款人开户银行应当根据逾期付款金额和逾期天数，按每天万分之五计算逾期未付赔偿金。当付款人账户有款时，开户银行必须将逾期未付款项和应付的赔偿金及时扣划给收款人，不得拖延扣划。

6. 拒绝付款

付款人如果在验单或验货时发现收款单位托收款项计算错误或所收货物的品种、质量、规格、数量等与合同规定不符等情况，可以在承付期内提出全部或部分拒付，并填写"拒绝付款理由书"，向银行办理拒付手续。银行审查拒付理由后，同意拒付的，在拒付理由书上签署意见，并将有关单证寄交收款人开户银行转交收款人。同时，付款人对所拒收的物资要妥善保管。

表28　　　　　托收承付结算　全部　拒绝承付理由书　代　回　单
　　　　　　　　　　　　　　部分　　　　　　　　或支款通知

拒付日期　　年　月　日　　　　　　　　原托收号码

收款单位	全　称			付款单位	全　称												退拒付中付款单位
	账　号				账　号												
	开户银行		行号		开户银行					行号							
原托金额		拒付金额		部分付款金额		千	百	十	万	千	百	十	元	角	分		
附寄单证		张	部分付款金额（大写）														
拒付理由：				备注													
				付款单位盖章													
银行意见：																	
（银行签章）　　年　月　日																	

五、托收承付结算的账务处理

1. 收款单位

（1）办妥委托银行收款手续后，根据托收承付结算凭证第一联回单，作如下会计分录：

借：应收账款——××单位

　　贷：主营业务收入

　　　　应交税费—应交增值税（销项税额）

（2）接到银行转来的托收承付结算凭证第四联收账通知时，作如下会计分录：

借：银行存款

　　贷：应收账款——××单位

2. 付款单位

接到银行转来的托收承付结算凭证第五联付款通知后，于付款时作如下会计分录：

借：原材料（材料采购）

　　应交税费—应交增值税（进项税额）

　　贷：银行存款

【例】2013年7月8日，A公司向外地××公司发出甲商品一批，售价30000元，增值税5100元。发货时，以转账支票为对方垫付运费600元。根据有关单证填制托收承付结算凭证，连同有关单据交付银行。银行审核后，盖章退回托收凭证回单联。编制会计分录如下：

借：应收账款——××公司　　　　　　　　　　　　35700
　　贷：主营业务收入　　　　　　　　　　　　　　　30000
　　　　应交税费—应交增值税（销项税额）　　　　　5100
　　　　银行存款　　　　　　　　　　　　　　　　　600

7月20日，收到银行转来的托收凭证收账通知联，收回××公司货款。编制会计分录如下：

借：银行存款　　　　　　　　　　　　　　　　　35700
　　贷：应收账款——××公司　　　　　　　　　　　35700

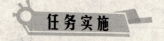

任务实施

模拟实训

实训目的

通过模拟实训，使学生能够识别并填制与托收承付结算业务有关的原始凭证，并能够准确编制记账凭证。

实训材料

配有相关原始凭证，自备记账凭证。

实训要求

1. 办理托收承付结算业务，准确填制原始凭证。
2. 模拟出纳员办理收、付款业务，填制记账凭证。

实训资料

企业概况

企业名称：河北振华有限公司

法定代表人：刘振华

注册地址：石家庄市机场路158号　　电话：0311-82866126

注册资本：500万元

企业类型：有限责任公司

经营范围及主要产品：西服、工装、校服等系列服装

经营方式：生产销售

开户银行：建行石家庄机场路支行

账号：160066356798

纳税人登记号：1301178845678

纳税人类型：一般纳税人

增值税率：17%

业务资料

1. 2013年4月5日，销售给广州玉溪商贸有限公司西装200套，单价450元，产品已发出，开出增值税专用发票，双方合同（合同号码20130405）规定价税款采用托收承付结

算方式，向银行办理邮划委托。（广州玉溪商贸有限公司地址：广州市解放中路 188 号，电话 78334556，纳税人识别号：55190000935589，开户银行：建设银行广州解放路支行，账号 55001888123477）

表29　　　　　　　　　　　**河北省增值税专用发票**

记 账 联

1200063180　　　　　　　　　　　　　　　　　　　　　　No. 00541581

开票日期　　年　月　日

购货单位	名　　　　称： 纳税人识别号： 地　址、电话： 开户银行及账号：				密码区		（略）	
货物或应税劳务名称	规格型号	单位	数量	单价	金额	税率	税额	
合　计								
价税合计（大写）					（小写）¥			
销货单位	名　　　　称： 纳税人识别号： 地　址、电话： 开户银行及账号：				备注			

收款人：　　　　复核：　　　　开票人：　　　　销货单位（章）：

第二联　记账联　销货方记账凭证

表30　　　　　　　　　　　**产品出库单**

购货单位：广州玉溪商贸有限公司　　　　2013 年 4 月 5 日　　　　销字第 045 号

编号	成品名称	规格	单位	数量	单位成本	总成本	备注
A2	西服		套	200	280.00	56000.00	销售
合　计				200	280.00	56000.00	

记账：金明　　　　保管：徐林　　　　制票：郑海

第三联　会计联

表 31　　　　　　　　　　　**托收凭证（受理回单）　1**

委托日期　　年　月　日

业务类型	委托收款（◎邮划、◉电划）			托收承付（◎邮划、◉电划）			
付款人	全　称			收款人	全　称		
	账　号				账　号		
	地　址	省市县	开户行		地　址	省市县	开户行
金额	人民币（大写）				亿 千 百 十 万 千 百 十 元 角 分		
款项内容		托收凭据名　称				附寄单证张数	
商品发运情况				合同名称号码			
备注：		款项收妥日期				收款人开户银行签章	
	复核　　记账		年　月　日			年　月　日	

此联作收款人开户行给收款人受理回单

2.2013 年 4 月 15 日收到广州玉溪商贸有限公司的托收款

表 32　　　　　　　　　　**托收凭证（汇款依据或收账通知）　4**

委托日期　2013 年 4 月 5 日　｜付款期限　2013 年 4 月 15 日

业务类型	委托收款（◎邮划、◉电划）			托收承付（◎邮划、◉电划）			
付款人	全　称	广州玉溪商贸有限公司		收款人	全　称	河北振华有限公司	
	账　号	55001888123477			账　号	160066356798	
	地　址	广东省广州市 开户行	建行广州解放路支行		地　址	河北省石家庄市 开户行	建行石家庄机场路支行
金额	人民币（大写）	壹拾万零伍仟叁佰元整			亿 千 百 十 万 千 百 十 元 角 分 　　 ￥ 1 0 5 3 0 0 0 0		
款项内容	销货款	托收凭据名　称	增值税专用发票		附寄单证张数	1	
商品发运情况		已发运		合同名称号码	20130405		
备注：		上述款项已划回收入你方账户内					
	复核　　记账	收款人开户银行签章 年　月　日					

此联付款人开户银行给付款人付款通知

3.2013 年 4 月 23 日，销售给上海永华经贸有限公司西装 100 套，单价 460 元，产品已发出，开出增值税专用发票，双方合同（合同号码 20130423）规定价税款采用托收承付结算方式，向银行办理邮划委托（上海永华经贸有限公司地址：上海市北京路 218 号，电话 36334588，纳税人识别号：67190000935383，开户银行：中国银行上海北京路支行，账号 55001888123423）

表33　　　　　　　　　　　**河北省增值税专用发票**　　　　　　　　　No. 00541582

1200063180　　　　　　　　　　记　账　联　　　　　　开票日期　　年 月 日

购货单位	名　　　称：				密码区	（略）		
	纳税人识别号：							
	地址、电话：							
	开户银行及账号：							
货物或应税劳务名称	规格型号	单位	数量	单价	金额	税率	税额	
合　计								
价税合计（大写）					（小写）￥			
销货单位	名　　　称：				备注			
	纳税人识别号：							
	地址、电话：							
	开户银行及账号：							

收款人：　　　　复核：　　　　开票人：　　　　销货单位(章)：

第二联　记账联　销货方记账凭证

表 34　　　　　　　　　　　**产品出库单**

购货单位：广州玉溪商贸有限公司　　　2013 年 4 月 23 日　　　　　销字第 045 号

编号	成品名称	规格	单位	数量	单位成本	金额	备注
A2	西服		套	100	280.00	28000.00	销售
合　计				100	280.00	28000.00	

记账：金明　　　　保管：徐林　　　　制票：郑海

第三联　会计联

表35　　　　　　　　　　　　托收凭证（受理回单）　 1

委托日期　　年　月　日

业务类型		委托收款（◎邮划、●电划）　　托收承付（◎邮划、●电划）																此
付款人	全　称				收款人	全　称												联作收款人开户行给收款人的受理回单
	账　号					账　号												
	地　址	省 市 县	开户行			地　址	省 市 县		开户行									
金额	人民币（大写）						亿	千	百	十	万	千	百	十	元	角	分	
款项内容			托收凭据名　称					附寄单证张数										
商品发运情况							合同名称号码											
备注：			款项收妥日期															
	复核　　记账			年　月　日			收款人开户银行签章 年　月　日											